Ursula Lauster



# Legastheniespiele

Spielerische Förderung bei Lese- und Rechtschreibschwäche

Mach mit – du kannst es auch!

Lentz

# Liebe Eltern, liebe Lehrer,

dieses Heft „Legastheniespiele“ befaßt sich mit dem Problem der Lese- und Rechtschreibschwäche von Kindern.

Schulkinder mit normaler Intelligenz und Begabung versagen beim Erlernen des Lesens und Schreibens. Die schulischen Leistungen in den übrigen Fächern, wie Rechnen oder Sachunterricht, sind gut, manchmal sogar überdurchschnittlich. Doch beim Lesen- und Schreibenlernen tauchen ernsthafte Probleme auf:

**1.** Verwechseln ähnlicher Buchstaben und Wortbilder
Das legasthenische Kind verwechselt Buchstaben, die von ihrer Schriftform her ähnlich aussehen. Es verwechselt die Großbuchstaben:
„M“ mit „W“, „B“ mit „P“.

Bei Kleinbuchstaben verwechselt es:
„b“ mit „p“ und „d“,
„d“ mit „g“ und „b“,
„n“ mit „u“, „m“ mit „n“ und „u“,
„h“ mit „k“.

Das Kind kann Gestalt, Form und Lage der Buchstaben nicht genau genug voneinander unterscheiden. Es leidet an der Unterscheidungsschwäche von „rechten“ und „linken“ Formen. Diese Seitenunsicherheit führt dazu, daß es die Buchstaben verkehrt herum oder auf den Kopf gestellt schreibt: „Rab“ anstatt „Rad“ oder „Wutter“ anstatt „Mutter“.

Bei Umlauten und Zwielauten kommt es zum Verwechseln von:
„ei“ mit „ie“, „eu“ mit „ü“.

Klingen die Buchstaben oder Laute ähnlich, hat das legasthenische Kind Schwierigkeiten, ein „ü“ von einem „i“, ein weiches „g“ von einem harten „k“, ein „d“ von einem „t“, ein „eu“ von einem „ei“ zu unterscheiden.

**2.** Wörter schreibt das legasthenische Kind von rechts nach links: „na“ anstatt „an“, „tah“ anstatt „hat“, „imt“ anstatt „mit“. Es läßt in jedem Wort Buchstaben aus und stellt Buchstabenfolgen um, so daß unsinnige Wörter entstehen, etwas, was wir als „Buchstabensalat“ bezeichnen: „muz Bnhof ghn“ anstatt „zum Bahnhof gehen“.

Zu diesen genannten Schwächen des legasthenischen Kindes kommen Konzentrationsstörungen und Merkfähigkeitsschwäche hinzu, die stärker als bei gesunden Kindern ausgeprägt sind.

Das lese-rechtschreibschwache Kind befindet sich in einem Teufelskreis, aus dem es ohne heilpädagogische Maßnahmen kaum alleine herausfindet. Sein Versagen im Lesen und Schreiben überträgt sich auf die gesamte schulische Situation. Und nicht selten ist das legasthenische Kind dann auch ein verhaltensgestörtes Kind, das ungern lernt, sich kaum anpaßt und aggressiv verhält, sich psychisch ständig unter Druck fühlt und nicht mehr weiter weiß.


Umschlag: Buch und Werbung, Berlin
Umschlagfoto: Gruner + Jahr, Hamburg
Illustrationen: Ursula Lauster
Lektorat: Gabriele Berding
Herstellung: Anja Schüßler
Lithographie: reproteam siefert, Ulm
Satz: Concept GmbH, Höchberg bei Würzburg
Printed in Germany
ISBN 3-88010-312-7
Gedruckt auf chlorfrei gebleichtem Papier

Die erste Hilfe für einen Legastheniker ist, ihm durch Zuspruch und Anerkennung ein Stückchen Selbstwertgefühl zurückzugeben. Kinder können grausam zueinander sein, sie lachen andere aus und verspotten sie gnadenlos. Das kann beim lese-rechtschreibschwachen Kind zu schweren seelischen Wunden führen, die behutsam gesundgepflegt werden müssen.

Dieses 1. Heft der Reihe „Legastheniespiele“ beschäftigt sich in abwechslungsreichen Spielen mit den Grundsymptomen dieser Schulkrankheit. Es will Konzentration und Gedächtnis fördern, Wahrnehmungsfähigkeit und Gestalterfassungsvermögen ausbauen. In erster Linie geht es in diesem 1. Heft der Legastheniespiele um die Unterscheidung von „rechts“ und „links“, um „b – p“, „B – P“, „M“, „W“, „m“ und „n“. Die einzelnen Problemkreise werden in vielen Spielen mit immer neuen Beispielen und Abbildungen wiederholt und geübt, damit eine Art Festigkeit und Sicherheit beim Kind entstehen kann.

---

Dies ist der Glückskäfer Susi. Er kommt in vielen Spielen dieses Heftes vor und will dir Glück bringen. Er hilft dir ein bißchen, damit du die Spielidee besser verstehst. Auf fast allen Seiten, rechts oder links oben, findest du den Käfer. Immer, wenn du ihn siehst, weißt du, daß du hier Glückspunkte machen kannst. Du mußt nur die gestellten Fragen richtig beantworten – viel Glück dabei!

In den runden Käferbauch des Glückskäfers schreibst du auf jeder Seite deine Punkte. Die Lösungen stehen immer auf Seite 48. Zum Schluß, wenn du das ganze Heft durchgespielt hast, kannst du deine Punktzahl in einer Vergleichstabelle beurteilen. Warst du gut? Hast du dich genügend konzentriert? Was hast du behalten oder vergessen?
Das sagt dir die Tabelle auf Seite 48.

Und nun wünsche ich dir Erfolg bei den Spielen und hoffe, daß du bald keine Angst mehr vor dem Lesen und Schreiben haben wirst!

Schreib deinen Namen in den Kreis!
Dieses Buch gehört:

# Hilfen für das legasthenische Kind

Viele Kinderspiele, die man in jedem Spielzeuggeschäft kaufen kann, eignen sich zur Förderung des lese-rechtschreibschwachen Kindes. Dazu gehören vor allem Puzzle- und Memoryspiele (sie fördern die optische Gliederungsfähigkeit und die Konzentration), alle Arten von Geschicklichkeitsspielen, die Ausdauer, Geduld und manuelle Fertigkeit des Kindes erfordern, und Scrabblespiele, bei denen aber die Spielweise für das legasthenische Kind vereinfacht werden muß (Weglassen der schwierigen Konsonantensteine k, j, q, x, y, ä, ö und ü).
Die folgenden 5 Spielarten sind spezielle Förderspiele für den Legastheniker.

**1. Anfangsbuchstaben eines Wortes erraten**
Für dieses Lautierspiel wählen Sie einfache, kurze Wörtchen, bei denen Sie den Anfangsbuchstaben weglassen, z. B. „Nuß". Sie sprechen das Wort ohne Anfangsbuchstaben aus: „uß". Nun muß das Kind Ihr Wort erraten. Wenn es das geschafft hat, geht das Spiel andersherum weiter, *Sie* müssen raten. In diesem Spiel taucht das Problem auf, daß die genannten Wörter in der Rechtschreibung vom Beispielwort abweichen. In meinem Beispielwort wäre es die Antwort „Bus". Machen Sie das Kind auf den Rechtschreibunterschied aufmerksam, doch gehen Sie nicht zu sehr auf die Rechtschreibung ein, denn es geht um den Lautklang von Wörtern.

**2. Silben ergänzen**
Nehmen Sie ein Wörterbuch oder einen Kinderduden und schlagen Sie eine beliebige Seite auf. Nun darf das Kind mit dem Finger und geschlossenen Augen auf ein Wort dieser Seite zeigen. Dieses Wort sollte mindestens zwei Silben haben. Nehmen wir als Beispiel das Wort „Papagei". Sie lesen das Wort nicht vor, sondern trennen es in Silben: Pa – pa – gei, die Sie aber unvollständig aufschreiben: Pa – a – ei. Sie lassen einfach einen oder zwei Buchstaben weg. Nun soll das Kind die Wörter sinnvoll ergänzen.
Sie werden feststellen, daß es dem Kind Schwierigkeiten bereitet, diese fehlenden Buchstaben zu erraten, daß es aber nach etwa dem sechsten Wort schon besser geht.

**3. Flüsterspiele**
Flüstern Sie, so leise wie möglich, ein Wort, das das Kind wiederholen soll. Dabei testen Sie nicht nur sein Hörvermögen, sondern schulen gleichzeitig die Konzentrationsfähigkeit. Als Flüsterspiel zwischen Ihnen und dem Kind bekommt man für jedes richtig genannte Flüsterwort einen Punkt.
Variieren Sie das Spiel, indem Sie den Abstand zwischen sich und dem Kind vergrößern oder sich vom Kind abwenden, so daß es die Mundstellung beim Sprechen nicht erkennt.

**4. Buch- und Lesespiele**
Das legasthenische Kind greift selten von alleine zu einem Buch. Das behutsame Heranführen an das „Buchstaben-Buch" ist deshalb eine wichtige Aufgabe.
Die richtige Auswahl entscheidet schon über Erfolg oder Mißerfolg. Lassen Sie die schulische Pflichtlektüre einfach in der Schultasche. Gehen Sie auf das Kind mit seinen spezifischen Begabungen und Neigungen ein. Suchen Sie ein Buch, das dem kindlichen Interesse entgegenkommt. Märchenbücher mit großer Schrift und vielen bunten Bildern eignen sich auf jeden Fall für alle lese-rechtschreibschwachen Kinder.
Beginnen Sie mit Balancierübungen: Wer kann das Buch am längsten auf dem Kopf oder auf einem oder zwei Fingern halten? Solche praktischen Übungen nehmen die Angst vor den Erwartungen, die mit dem Begriff „Buch" zusammenhängen.
Bevor Sie in einem Buch zu lesen beginnen, eignen sich Bilder als Sprechanlaß. Sie lassen sich beschreiben. Einfache Spielideen, die sich nicht direkt mit dem Lesen beschäftigen, sind eine Art Ablenkung. Das Buch kann gedreht werden. Einzelne Buchstaben oder kurze Wörter, auf die man mit geschlossenen Augen tippt, können so schräg, auf den Kopf gestellt, von rechts oder links gelesen werden.
Abwechselnd lesen Sie und das Kind einen Text gemeinsam, Sie ein Wort, das Kind das nächste Wort usw. Versuchen Sie, wenn der Text es zuläßt, mit verstellter Stimme eine Art Rollenspiel daraus zu machen. Bei Märchentexten, in denen wörtliche Rede vorkommt, ist das ganz lustig und macht beiden Spielpartnern Spaß.

**5. Konzentrationsspiele**
Viele Spiele aus meinem Buch „Zeitungsspiele" (Lentz-Verlag) eignen sich als Konzentrationsspiele für das legasthenische Kind. Mit alten Zeitungen, Zeitschriften und Werbezetteln kann das Kind verschiedene, immer wieder neu zu spielende Übungen durchspielen.
Ausschneiden, Suchen, Wiedererkennen, Basteln, Rätseln und Kleben sind Beschäftigungsmöglichkeiten, die dieses Buch aufweist. Dazu braucht man nur altes Papier, einen Stift, Schere und Klebstoff.
Wichtig ist bei all diesen Spielen Ihr Lob, Ihre Anerkennung und die liebevolle Kontrolle der Spielaufgaben. So baut sich langsam das Selbstbewußtsein des legasthenischen Kindes wieder auf.

Nimm einen Bleistift und verbinde die Punkte zu einem schönen runden Kreis. Die Pfeile und Susi, dein Glückskäfer, zeigen dir die Richtung, in der du den Kreis schließen sollst. Für die richtige Antwort bekommst du 2 Glückspunkte: Wie viele Kreise mußt du nach rechts schließen, wie viele nach links? Lösung: Seite 48.

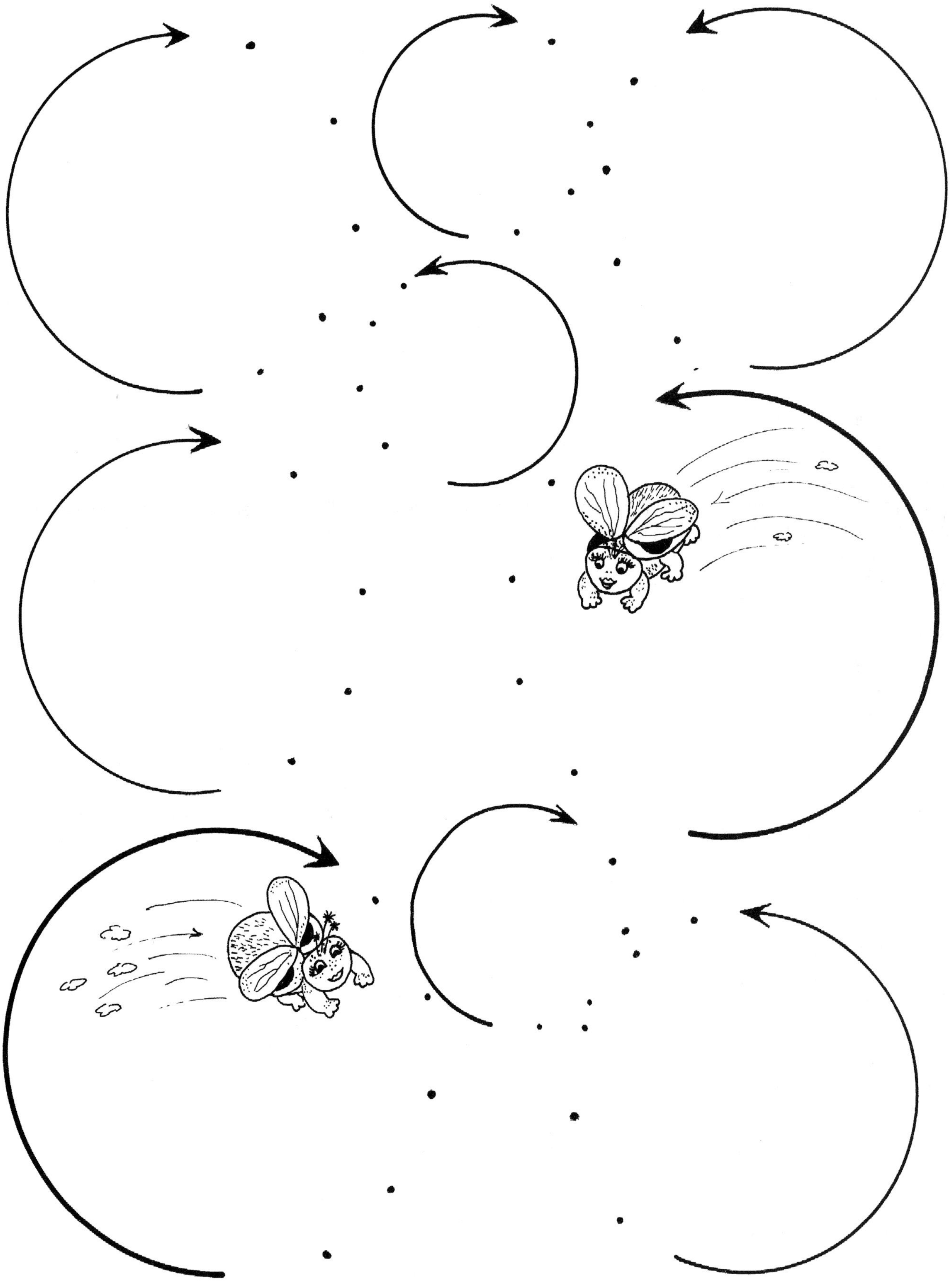

Susi sitzt zwischen 2 Birnen. Die linke Birne möchte sie gelb malen, die rechte Birne soll grün angemalt werden. Nimm einen gelben und einen grünen Buntstift, und hilf dem Glückskäfer beim Buntmalen der Birnen auf diesen beiden Seiten.

Hier kannst du je 1 Glückspunkt bekommen:
1) Wie oft ist Susi auf der nächsten Seite versteckt?
2) Wie viele Birnen sind dort ganz zu sehen?
3) Wie viele Stiele zeigen dort nach links?
Lösung: Seite 48.

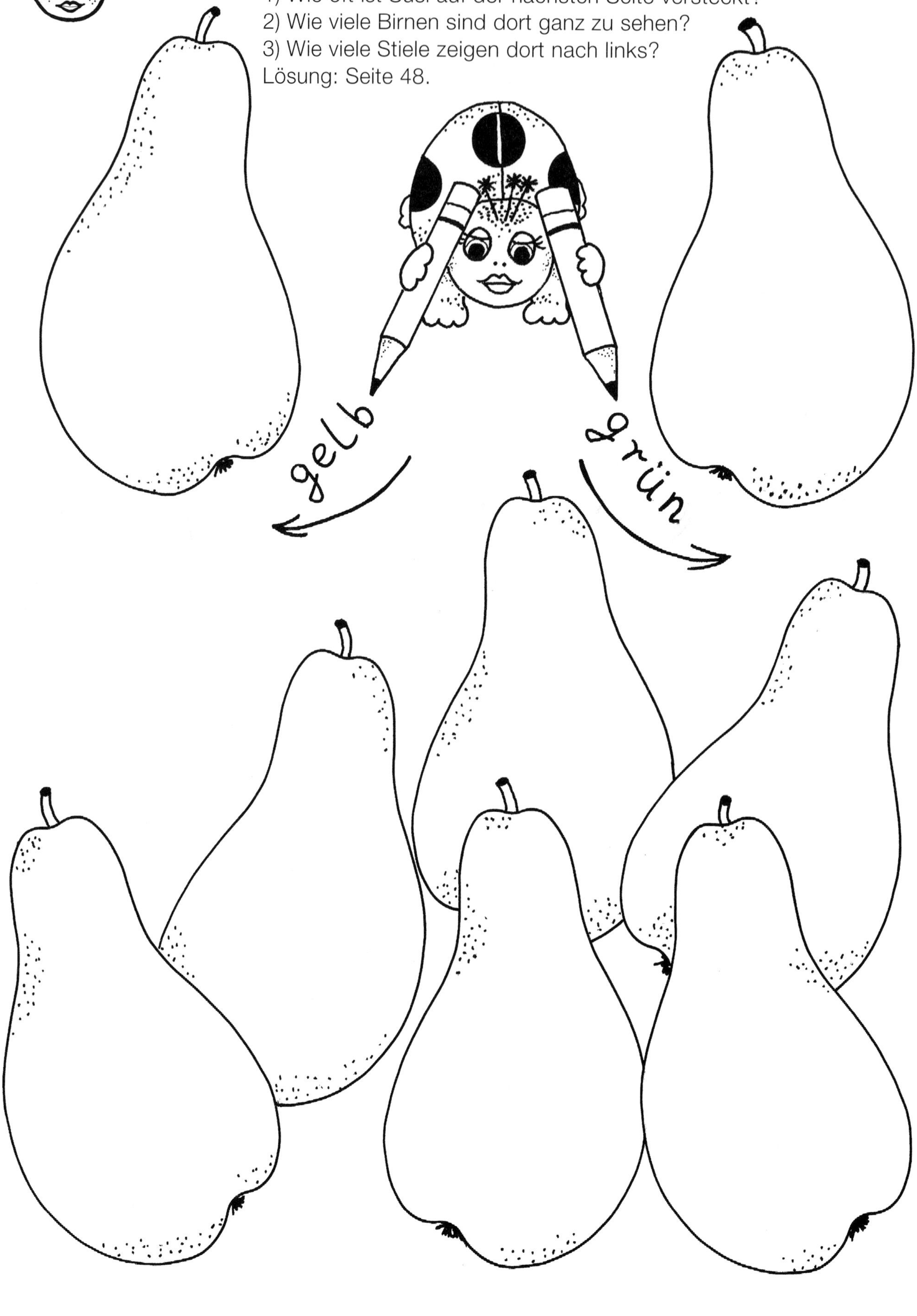

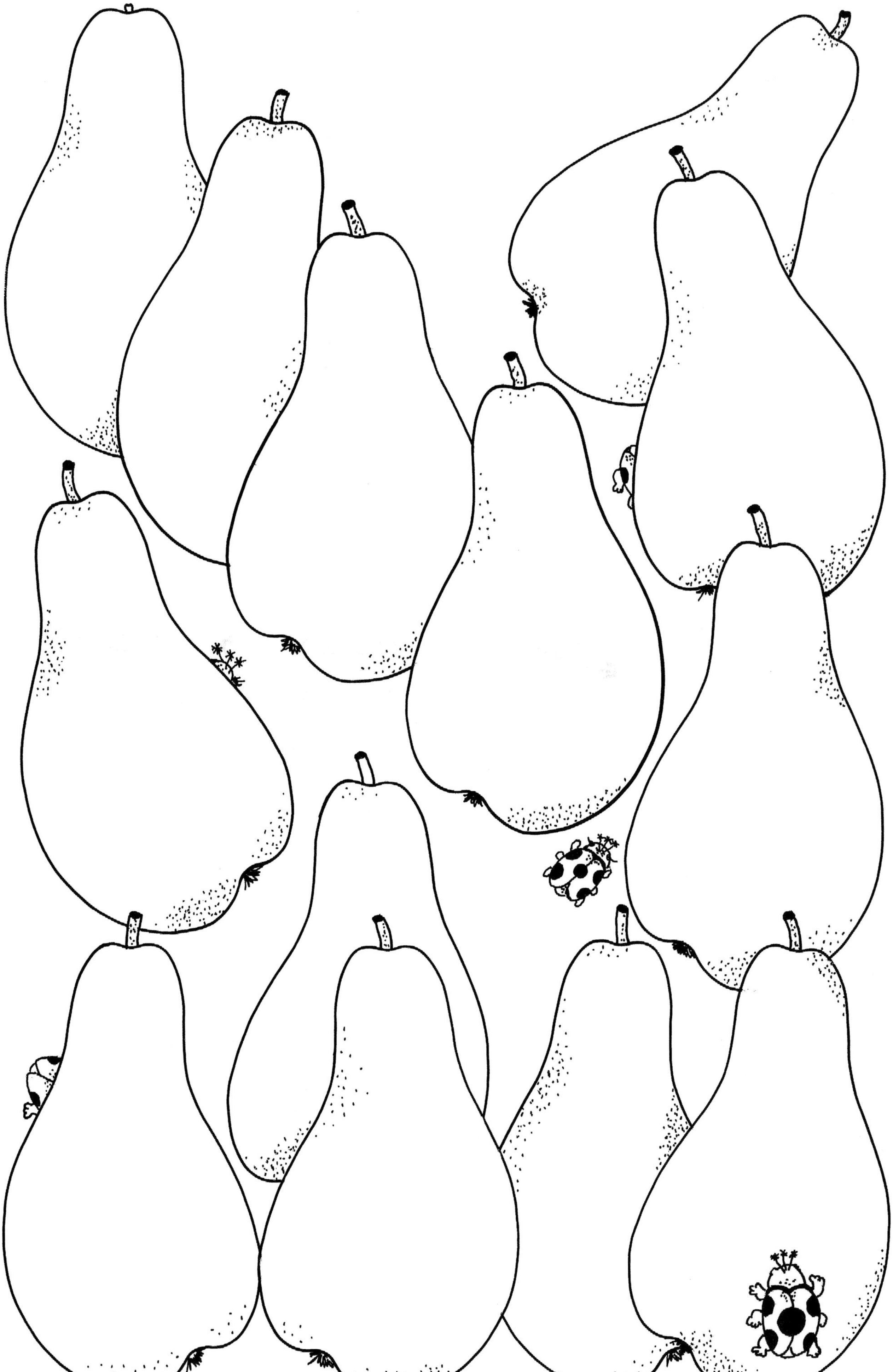

Hier siehst du Nußschalenboote mit einem Mast, an dem ein Segel befestigt ist. Mal in die Segel, die rechts vom Mast sind, eine gelbe Sonne. In die Segel, die links vom Mast sind, malst du einen roten Stern.
Für die richtige Antwort erhältst du 1 Glückspunkt: Mit welchem kleinen Druckbuchstaben des Alphabets hat das Segel, das *rechts* vom Mast befestigt ist, sehr viel Ähnlichkeit, wenn du den Mast nach *oben* verlängerst? Lösung: Seite 48.

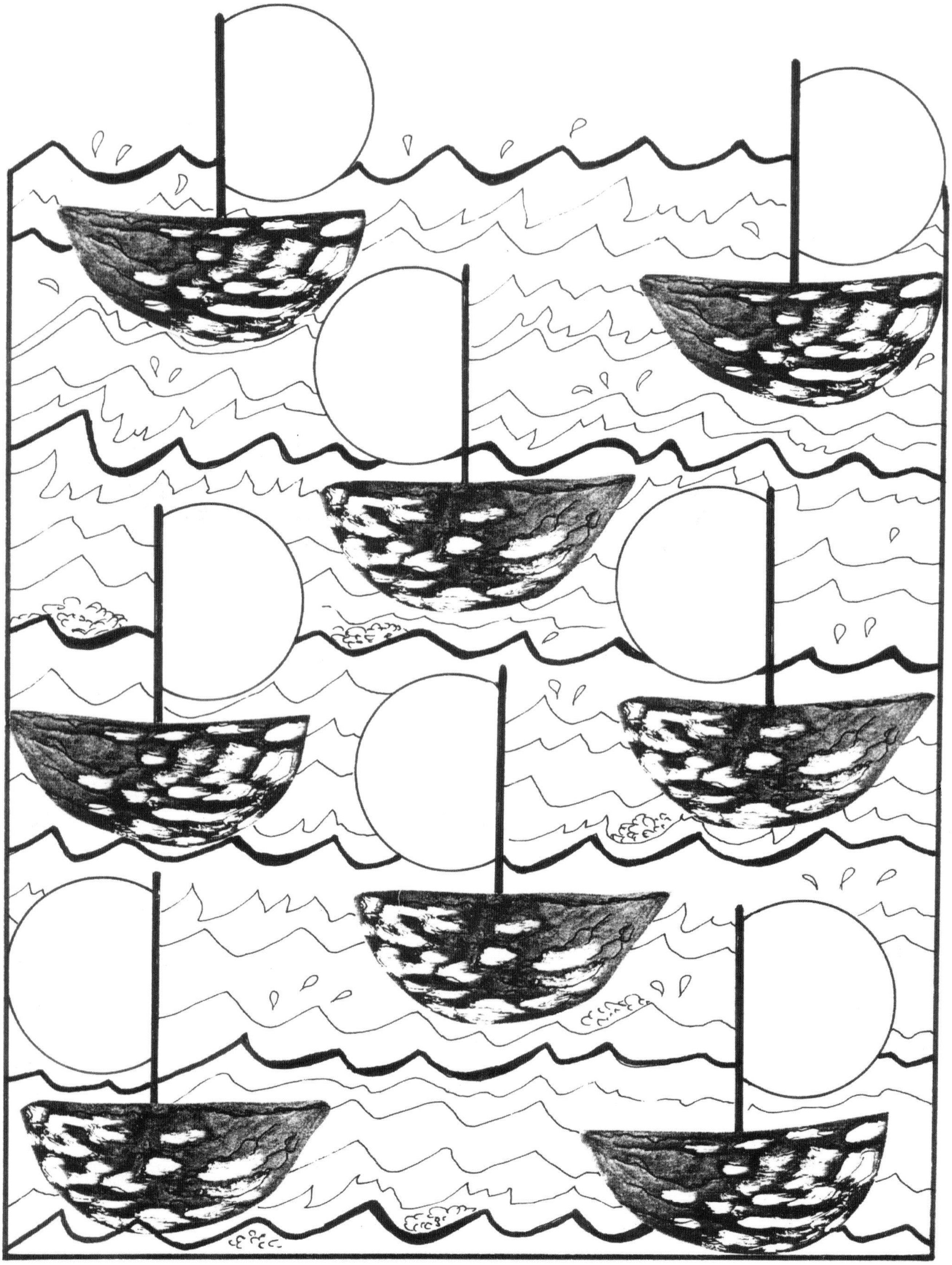

Auf dieser Seite siehst du 9 Blumen. In einer Blume, die sich nach links neigt, schläft Susi. Wie viele Blumen auf dieser Seite neigen sich insgesamt nach links? Zähl Susis Blume mit. Für die richtige Antwort gibt es 1 Glückspunkt.
Lösung: Seite 48.

Mal die Blumen, die sich nach rechts neigen, rot an.

Auf der Straußenfarm sieht Susi, dein Glückskäfer, einen Strauß, der aus der Reihe tanzt. Er läuft in die falsche Richtung. Zeichne ihm Auge und Schnabel, damit man sehen kann, daß er falsch läuft. In welche Richtung laufen alle anderen Vögel? Für die richtige Antwort darfst du dir 1 Glückspunkt notieren. Lösung: Seite 48.

Zwischen diesen beiden Abbildungen gibt es 10 Unterschiede, die du suchen sollst. Wenn du alle findest, gibt es 2 Glückspunkte. Kreuze sie im unteren Bild an. Lösung: Seite 48.

Hier kannst du gleich noch 1 Glückspunkt machen: Stell dich vor einen Spiegel und sprich das Wort „Motorboot“ langsam aus. Wie oft ist dein Mund rund wie ein Kreis geformt, wenn du es nachsprichst? Kreuze die richtige Antwort an.

a) 2mal
b) 3mal
c) 4mal

Lösung: Seite 48.

# Wörter, die mit  beginnen:



Schau dir zuerst das Bild auf der gegenüberliegenden Seite an. Was siehst du? Zähl die Dinge auf, die mit einem weichen „B" beginnen. Sprich das „B" übertrieben weich aus. Wie viele Dinge mit einem „B" findest du? Du darfst dir 2 Glückspunkte gutschreiben, wenn du alle Dinge gefunden hast, die in dem Bild mit „B" beginnen. Lösung: Seite 48.

Jetzt ergänze die folgenden Wörter, die mit einem „B" anfangen, und lies sie laut vor:

| | | |
|---|---|---|
| _____rücke | _____ach | _____ank |
| _____aum | _____irnen | _____irnbaum |
| _____allon | _____lumen | _____eeren |
| _____lumentopf | _____luse | _____lätter |
| _____onbons | _____leistift | _____rille |
| _____untstifte | | |

Jetzt schau dir wieder das Bild auf der gegenüberliegenden Seite an, und such in ihm alle Dinge, die mit einem harten, scharfgesprochenen „P" beginnen. Du darfst dir 1 Glückspunkt gutschreiben, wenn du alle Dinge gefunden hast. Lösung: Seite 48.

Ergänze dann die folgenden Wörter, die mit einem „P" anfangen, und lies sie laut vor:

Wörter, die mit „P" beginnen:

| | | |
|---|---|---|
| _____ilz | _____apier | _____insel |
| _____uzzle | _____aket | _____flanze |
| _____yramide | _____äckchen | |

Du kannst 2 Glückspunkte bekommen, wenn du diese Sätze 3mal hintereinander fehlerfrei lesen kannst:

**Rote Bohnen schmecken gut, grüne Bohnen besser.**
**Gelbe Bohnen bleiben blaß. Blaue Bohnen sind kein Spaß!**

Wenn du weißt, was „blaue Bohnen" sind, erhältst du noch 1 Glückspunkt.
Lösung: Seite 48.

Alle 11 Tiere, deren Umriße du auf der gegenüberliegenden Seite siehst, mußt du erraten. Der Anfangsbuchstabe ihres Namens ist entweder ein weiches „B" oder ein hartes „P". Für jede richtige Lösung gibt es 1 Glückspunkt. Lösung: Seite 48.

Dann überleg, welcher Rätseltext zu welchem der 11 Tiere paßt. Wenn du alle Rätseltexte richtig zugeordnet hast, kannst du dir nochmal 2 Glückspunkte gutschreiben. Lösung: Seite 48.

A Ich bin Pepe. Ich lebe in einem großen Käfig. Meine Federn sind bunt: blau, rot und grün. Mein Schnabel ist krumm wie ein Säbel. Doch das Beste ist an mir, daß ich sprechen kann: „Pepe ist lieb! Guten Abend, Papa! Zähne putzen, Peter! Potzblitz und Donnerschlag!"

B Ich bin fleißig: Von morgens bis abends besuche ich Blumen und Blüten. Ich sammle den Blütenstaub, der an meinen Beinchen hängenbleibt. Aus ihm entsteht der süße Honig. Ich habe einen spitzen Stachel, aber ich steche selten! Denn wenn ich zusteche, verliere ich meinen Stachel, und ich muß sterben. Ich bin zwar klein, aber nicht blöde!

C Mich können weder Frost noch bitterkalte Temperaturen zum Bibbern bringen: Ich lebe im ewigen Eis! Ich bin ein Vogel, aber ich kann nicht fliegen. Dafür bin ich der beste Taucher weit und breit.

D Mein braunes Fell ist gekräuselt wie die Dauerwelle von Tante Petra. Ich belle besonders böse, wenn der Postbote die Post bringt. Aber beißen tu ich nie!

E Mit meinen scharfen Zähnen kann ich sogar einen Baum fällen. Mein Schwanz ist platt, und man nennt ihn Kelle. Ich bin ein Nagetier, doch es gibt heute immer weniger Brüder und Schwestern von mir. Das macht mich ganz traurig.

F Ich bin groß und braun und schneller als du denkst. Ich brumme böse, wenn mir einer zu nahe kommt, aber ich brumme lieb, wenn mir was besonders gut schmeckt. Im späten Herbst suche ich mir einen Platz in einer Höhle und ruhe mich aus bis zum Frühling.

G Ich bin rotbraun, aber auf der Stirn habe ich einen weißen Fleck, den man Blesse nennt. Pia darf auf mir reiten, aber nur im Trab. Dabei galoppiere ich doch für mein Leben gern.

H Ich bin ein Wasservogel und liebe Fische. Mein Schnabel ist wie eine riesige Suppenkelle: Er ist dehnbar und wird groß und breit, wenn ich fische. Ich lebe mit meinen Brüdern und Schwestern in Kolonien beisammen.

I Ich bin eine große Katze und lebe in den Gebirgen und Ebenen Amerikas. Mein Fell ist gelbbraun, doch Brust und Bauch sind weiß. Man nennt mich auch „Silberlöwe." Ich kann auf Bäume klettern und bin schneller als ein Tiger, wenn ich meine Beute verfolge.

J Ich bin Bobby und paß auf Beate auf, denn sie ist erst sieben Jahre alt. Ich bring sie zum Lachen, wenn sie traurig ist. Mit meiner eingedrückten Schnauze stupse ich Beate dann ein bißchen in den Bauch und belle dreimal. Dann lacht sie wieder.

K Ich bin ein wildes Rind und lebe in Afrika und Asien. Ich habe große, spitze, geschwungene Hörner. Sie sind 1 Meter lang. Damit bekämpfe ich die anderen Bullen, wenn es um die Weibchen geht. Und ich besiege sie alle!

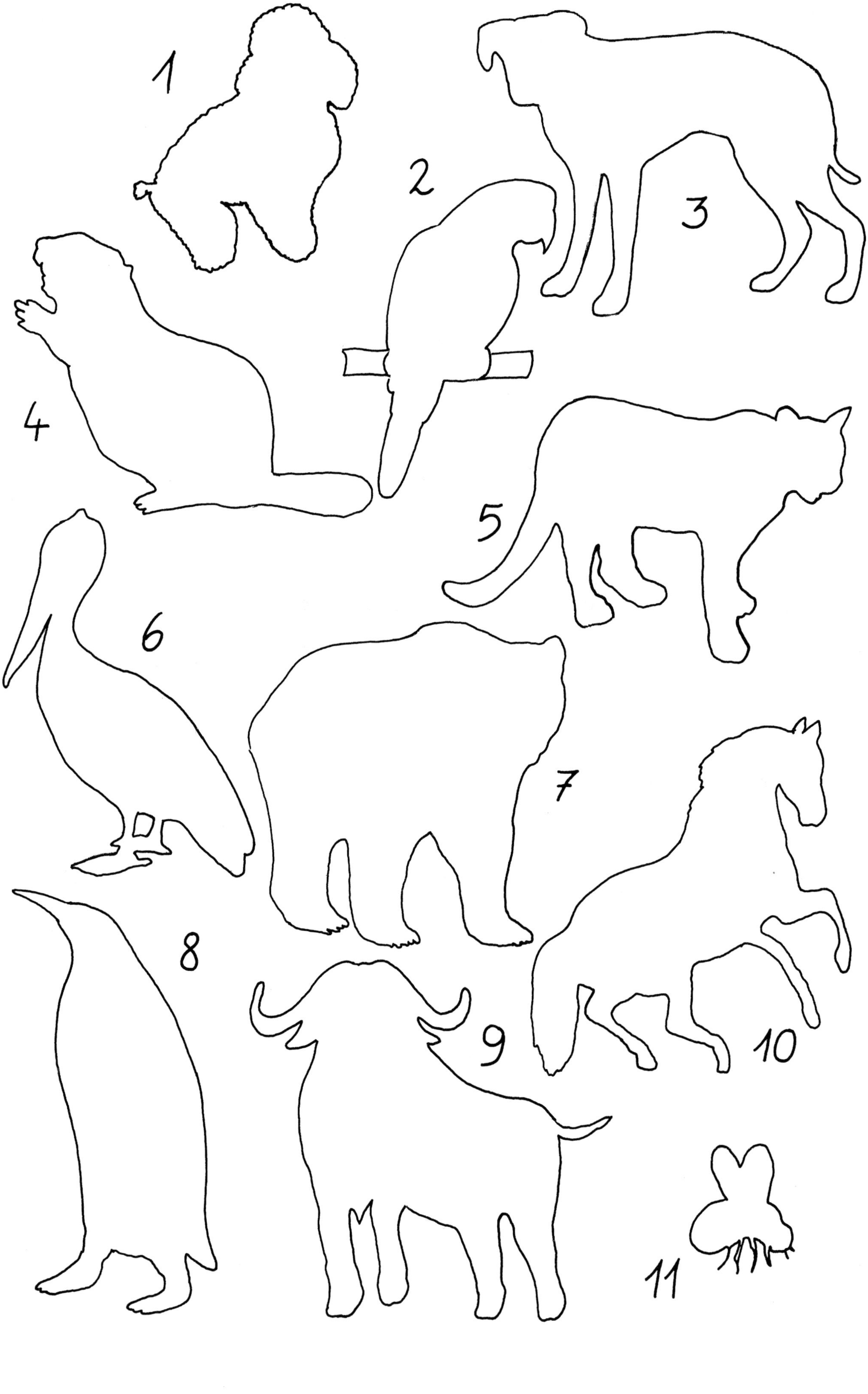
1
2
3
4
5
6
7
8
9
10
11

Auf dieser Seite siehst du Dinge, die mit einem „B“ oder einem „P“ beginnen. Wie heißen sie? Schreib in jedes Kästchen den entsprechenden Anfangsbuchstaben des gezeichneten Dinges. Du bekommst 2 Glückspunkte, wenn du alle richtig hast. Wenn du dieses Wort richtig ergänzen kannst, darfst du dir 2 Glückspunkte gutschreiben:

__ r o m __ e e r __ o n __ o n __ a p i e r

Lösung: Seite 48.

# ABC

Dies ist ein endloses ABC. Nach dem letzten Buchstaben des Alphabets geht es wieder mit A,B,C los. Doch aufgepaßt! In jeder Reihe ist ein Buchstabe des ABC ausgelassen worden. Ihn mußt du finden. Schreib diesen Buchstaben hinter die Ziffer jeder Reihe auf die Linie.
Du bekommst 2 Glückspunkte, wenn du alle richtig hast.

Lösung: Seite 48.

1___

| | | | | | | | | |
|---|---|---|---|---|---|---|---|---|
| A | B | C | D | E | F | G | I | J |

2___

| | | | | | | | | |
|---|---|---|---|---|---|---|---|---|
| K | L | M | O | P | Q | R | S | T |

3___

| | | | | | | | | |
|---|---|---|---|---|---|---|---|---|
| U | W | X | Y | Z | A | B | C | D |

4___

| | | | | | | | | |
|---|---|---|---|---|---|---|---|---|
| E | F | G | H | I | K | L | M | N |

5___

| | | | | | | | | |
|---|---|---|---|---|---|---|---|---|
| O | P | R | S | T | U | V | W | X |

6___

| | | | | | | | | |
|---|---|---|---|---|---|---|---|---|
| Y | Z | A | B | C | D | F | G | H |

7___

| | | | | | | | | |
|---|---|---|---|---|---|---|---|---|
| I | J | K | L | N | O | P | Q | R |

Wenn du diesen kleinen Wüstenfuchs zeichnest, mußt du das Alphabet laut vor dich hinsagen, aber „lautieren“ und nicht „buchstabieren“. Beim Buchstabieren wird ein Selbstlaut (Vokal) wie ein „e, a, u, o oder i“ hinter oder vor dem Buchstaben gesprochen: "B-e, C-e, D-e, e-F, G-e, H-a, J-ot, K-a, e-L, e-M, e-N, P-e, Q-u, e-R, e-S, T-e, V-au, W-e, i-X, Y-psilon und Z-et“. Beim Lautieren wird nur ein weiches „B“, „C“ als zischender Laut, „D“, „F“, „G“ … gesprochen. Fang mit dem A* auf der rechten Seite an, wenn du zu zeichnen beginnst.

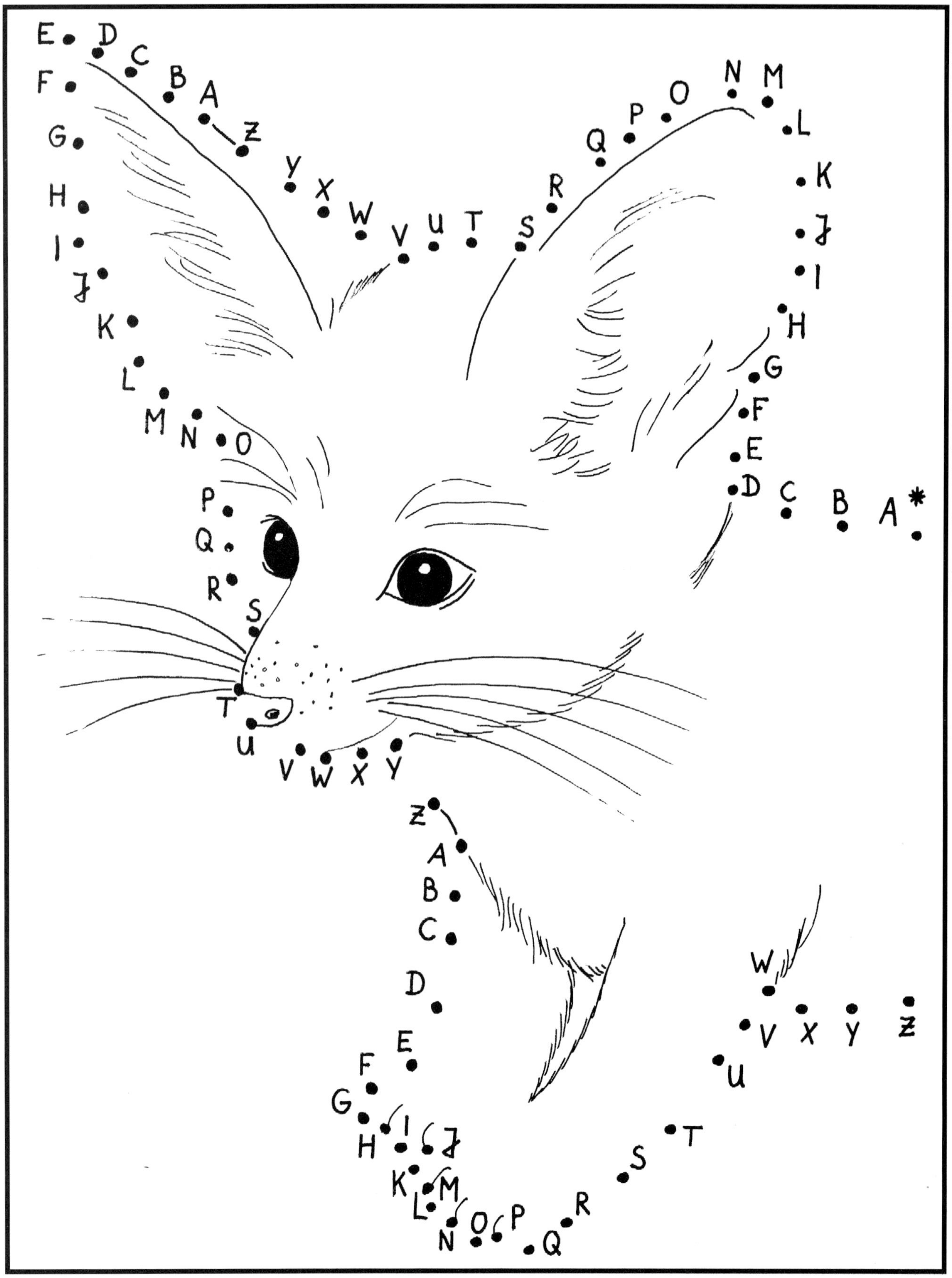

Wen kannst du hier fertig zeichnen? Verbinde die großen Druckbuchstaben von Punkt zu Punkt in ihrer alphabetischen Reihenfolge. Mal das Tier dann bunt aus. Lösung: Seite 48.

Du mußt 3mal das Alphabet mit den kleinen Druckbuchstaben durchgehen, um dieses Tier zu zeichnen. Wenn du vorher weißt, was für ein Tier es ist, bekommst du 1 Glückspunkt. Lösung: Seite 48.

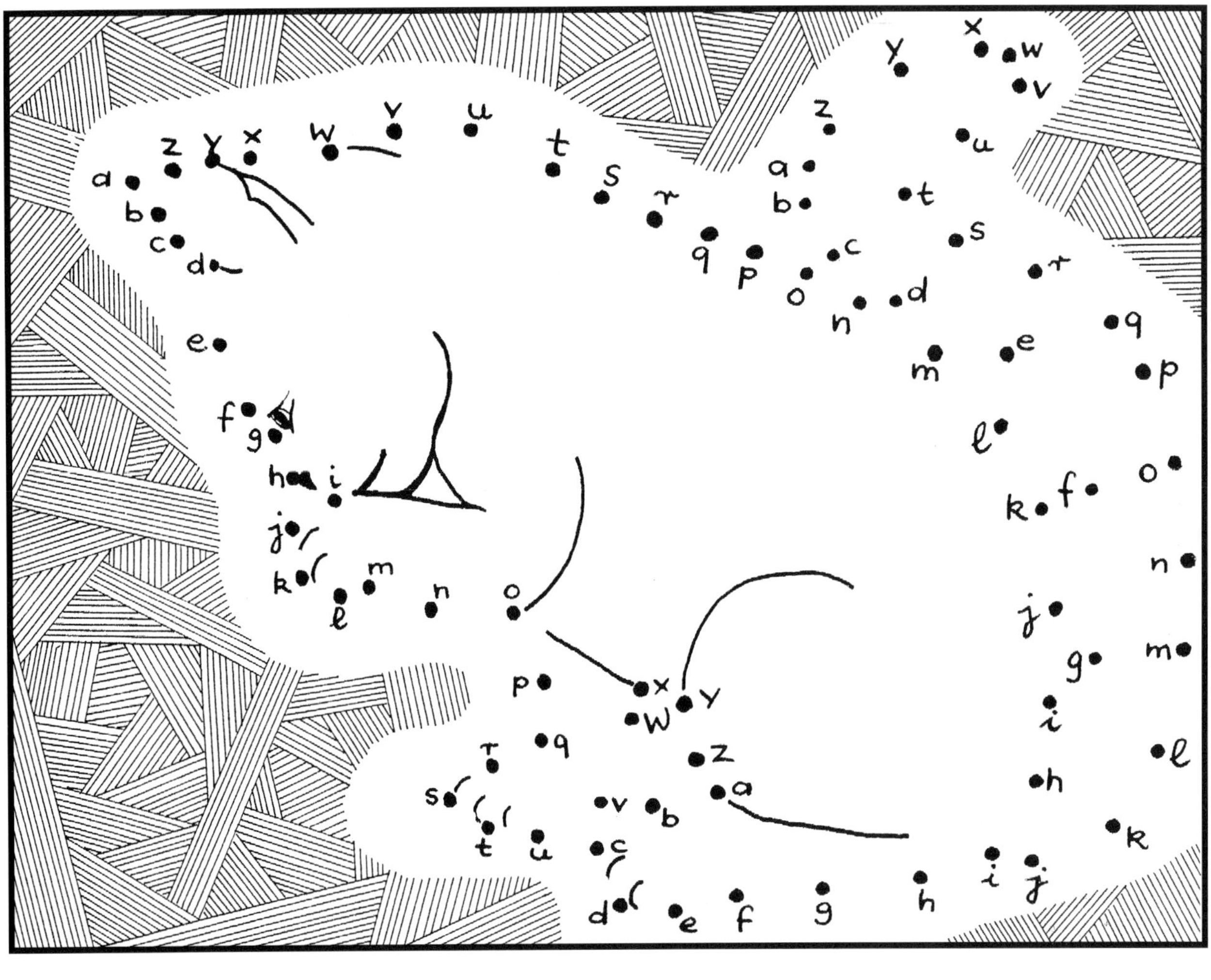

Was entsteht, wenn du diese Buchstaben in Schreibschrift in ihrer richtigen alphabetischen Folge miteinander verbindest? Für die richtige Lösung erhältst du 2 Glückspunkte. Lösung: Seite 48.

Fang bei der linken Figur mit einem großen „A“ an, bei der rechten Figur mit einem kleinen „a“.

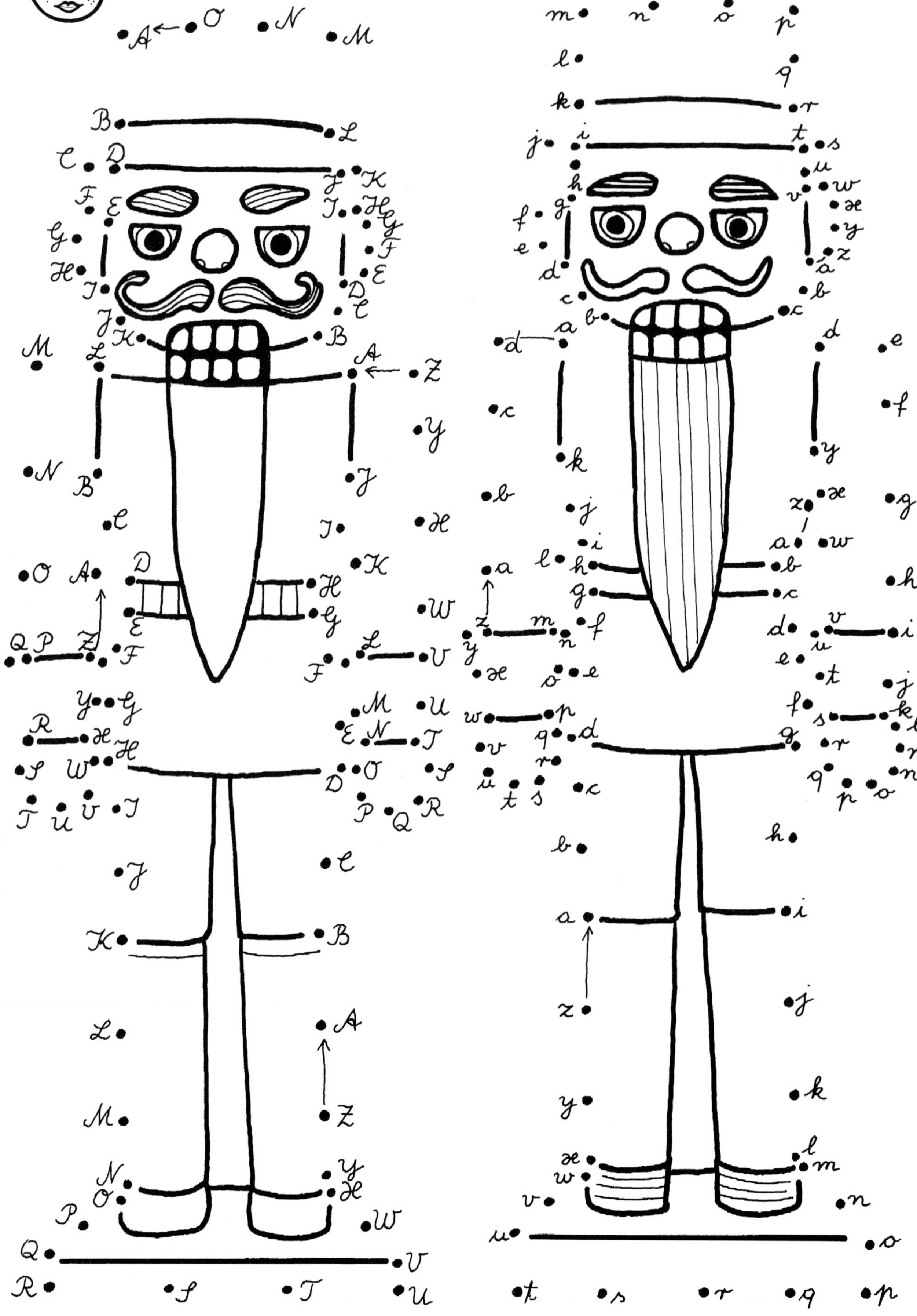

In der Alphabetreihe jedes Kästchens sollst du einen Kreis zeichnen. Verbinde die Punkte in der Reihenfolge des ABC miteinander. Beginn bei dem Buchstaben, der in der Alphabetreihe zuerst kommt.
Aber paß auf: Ein Buchstabe fehlt. Schreib diesen ausgelassenen Buchstaben in das Sechseck in der Mitte des Kästchens. Für jeden richtig gefundenen Buchstaben gibt es 1 Glückspunkt. Lösung: Seite 48.

Schaffst du es, 2 weitere Glückspunkte zu bekommen?
Welches Wort reimt sich nicht auf „Puppe“:
Suppe – Kuppe – Gruppe – schnuppe – Krippe – Truppe?
Lösung: Seite 48.

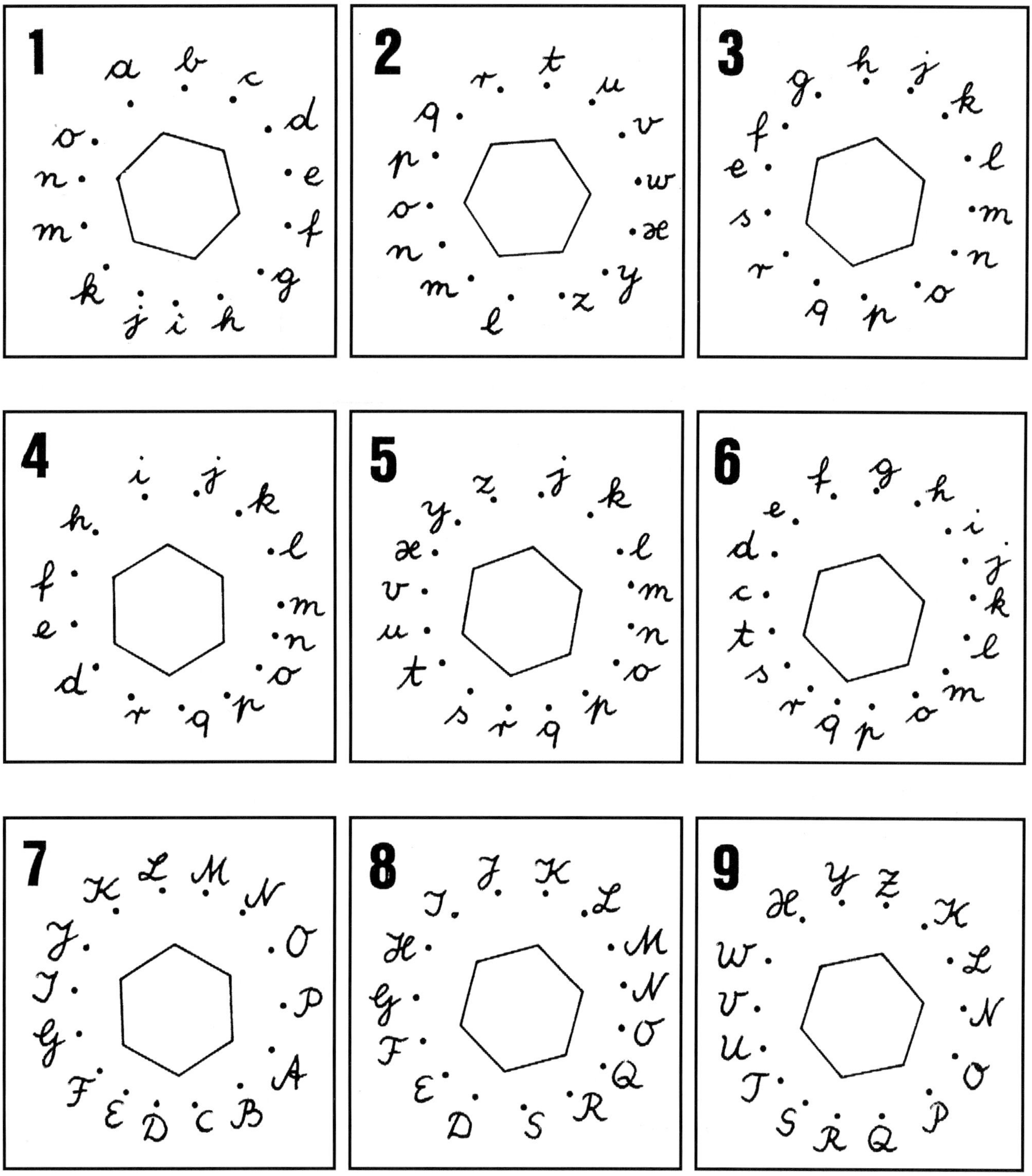

In dem Kasten unten siehst du Wörter, die aus verschiedenen Zeitungen ausgeschnitten wurden. Druckbuchstaben können unterschiedlich aussehen, und doch kann man sie wiedererkennen. Nimm einen Rotstift und kreise alle großen „B's" ein. Wie viele sind es? Wenn du richtig gezählt hast, bekommst du 1 Glückspunkt. Schreib deine Anzahl in dies Kästchen: ☐

Unterstreich nun alle großen „P's" mit einem grünen oder blauen Buntstift und zähl sie. Schreib deine Zahl hier auf: ☐
Fürs richtige Zählen gibt es wieder 1 Glückspunkt.
Lösung: Seite 48.

Berlin Bonn Bild
PULLIS BERNHARD PUR Batterie
Paris Bau PRIMA Programm
COMPUTER Post KREBSE
Butter Prämie EUROPA Premiere
Birke Blumen IMPULS Po
PERSON Profi Preis PHYSIK BMX
PUPPE Buch Bleikristall Bestellkarte
AUFGABEN Börse Planeten

Nicht nur die Großbuchstaben, sondern auch die Kleinbuchstaben können verschieden aussehen.
Wie viele kleine „b's" findest du? Kreise sie mit einem Rotstift ein und zähl sie.
Schreib deine Zahl hier auf: ☐

Nun unterstreichst du alle kleinen „p's" mit einem grünen oder blauen Buntstift und zählst sie. Schreib deine Anzahl hier auf: ☐
Für die richtig gezählte Menge von kleinen „b's" und kleinen „p's" darfst du dir jeweils 1 Glückspunkt geben.
Lösung: Seite 48.

Körper Cabrio gelobt

Japan Computer Kapsel

ersparen Skateboard

Leben haben Doppel

bitte Sport Abbildungen Zugabe

Habsburg brutal Steinbock

Angebote Stoppt

Gib Gipfel Zwiebel

Armbanduhren aber

Tropisch Leib Urlaub

Diesen Wörtern fehlt der Anfangsbuchstabe: ein weiches „B“, „b“ oder ein hartes „P“, „p“. Schreib ihn vor das Wort. Lies das Wort beim Ergänzen laut und übertrieben deutlich, damit man den Unterschied zwischen „B“ und „P“ hört. Du darfst dir 4 Glückspunkte gutschreiben, wenn du alle Wörter richtig hast, 2 Glückspunkte, wenn du nur bis zu 2 Fehler hast.

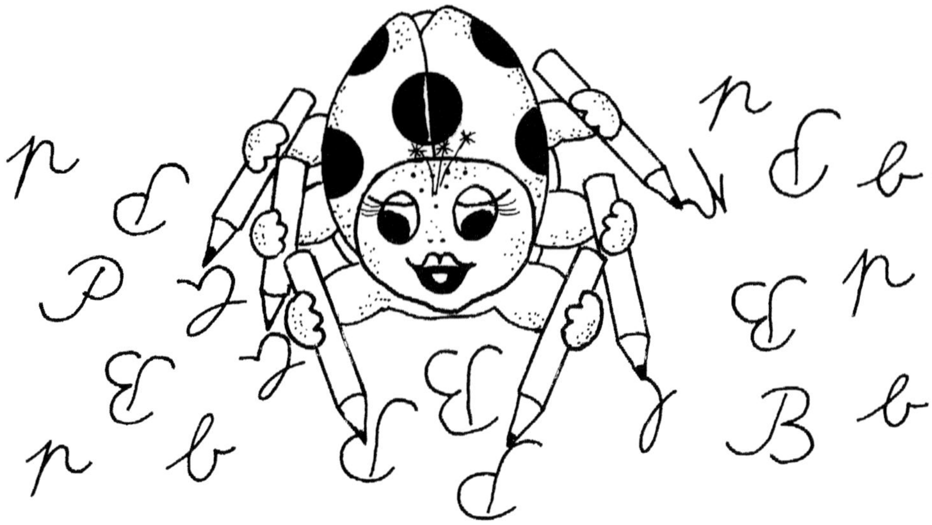

„B“ oder „P“

luse eitsche erlen ullover

iste esen rot erg elz

oot rett ibel uder

erser ohrer atrone rief

echvogel adewanne rimel

olizist remse lätzchen

eutel redigt art roblem

rinzessin umerang uchstabe

„b“ oder „p“

reit rima rav rächtig

echschwarz unt udelwohl

rivat raktisch öse rall

lind utzig ombig oppig

ünktlich latt illig leite

Such in diesem Kasten alle „B's“ und mal sie gelb an. Die „P's“ malst du schwarz. Erkennst du auch die übrigen Druckbuchstaben? Mal jeweils gleiche Buchstaben in gleicher Farbe aus. Wie oft kommen die einzelnen Buchstaben vor? Du erhältst 2 Glückspunkte für die richtige Antwort.

Lösung: Seite 48.

Hier kannst du 2 Glückspunkte machen, wenn du die Frage richtig beantwortest: Welchen Buchstaben erhältst du, wenn du ein kleines „b“ falschherum schreibst, also den „Bauch“ links neben den Strich malst? Probier es in diesen Kästchen aus: ☐☐ Lösung: Seite 48.

In diesen kurzen Sätzchen fängt das Namenwort (Substantiv) und das Tuwort (Verb) mit demselben Buchstaben an, mit „B“, „b“ oder „P“, „p“. Schreib die fehlenden Großbuchstaben nun vor das Namenwort. Dabei kommen viele Sätze heraus, die unsinnig sind, aber lustig klingen. Kreuz diese Spaßsätze an, die so keinen Sinn ergeben. Zähl, wie viele du findest. Für die richtige Lösungszahl darfst du dir 2 Glückspunkte gutschreiben.
Lösung: Seite 48.

1. Der ☐ ark parkt.
2. der ☐ ohrer bohrt.
3. Der ☐ oxer boxt.
4. Die ☐ izza pizzat.
5. Die ☐ umpe pumpt.
6. Der ☐ rüfer prüft.
7. Der ☐ latz platzt.
8. Der ☐ agger baggert.
9. Der ☐ astler bastelt.
10. Die ☐ irke birkt.
11. Die ☐ appel pappelt.
12. Die ☐ ohne bohnt.
13. Die ☐ luse blust.
14. Der ☐ eamte beamtet.
15. Der ☐ läser bläst.
16. Der ☐ addler paddelt.
17. Die ☐ üchse büchst.
18. Die ☐ eule beult.
19. Die ☐ erle perlt.
20. Der ☐ acker packt.
21. Der ☐ laner plant.
22. Die ☐ utter buttert.
23. Der ☐ rahlhans prahlt.
24. Die ☐ utzfrau putzt.

In jeder Reihe stehen 2 Buchstaben, die nicht in diese Reihe gehören, weil sie falsch herum gedruckt sind. In der ersten Reihe zeigt dir Susi einen der falschen Buchstaben. Streich die beiden falschen Buchstaben durch und schreib die richtigen darüber. Du erhältst 2 Glückspunkte, wenn du alle falschen Buchstaben in jeder Reihe gefunden hast. Lösung: Seite 48.

Hier jetzt eine Gedächtnisübung: Lies dir diesen Satz einige Male durch und präg ihn dir gut ein:

**Meine Mutter wäscht meine Wäsche wunderbar weich.**

1

| | | | | | | | | |
|---|---|---|---|---|---|---|---|---|
| d | d | d | d | b | d | d | b | d |

2

| | | | | | | | | |
|---|---|---|---|---|---|---|---|---|
| p | b | b | p | b | b | b | b | b |

3

| | | | | | | | | |
|---|---|---|---|---|---|---|---|---|
| u | n | u | u | u | u | n | u | u |

4

| | | | | | | | | |
|---|---|---|---|---|---|---|---|---|
| m | m | m | m | n | m | m | n | m |

5

| | | | | | | | | |
|---|---|---|---|---|---|---|---|---|
| q | q | q | p | q | q | q | q | p |

6

| | | | | | | | | |
|---|---|---|---|---|---|---|---|---|
| W | W | M | W | W | W | W | M | W |

7

| | | | | | | | | |
|---|---|---|---|---|---|---|---|---|
| B | B | B | P | B | B | P | B | B |

In diesem Spiel geht es um zusammengesetzte Namenwörter. Ein Bild von der nächsten Seite ergibt mit den 3 Wörtern eines Kreises auf dieser Seite ein zusammengesetztes Namenwort. Beispiel (12) zeigt dir, wie dieses Spiel geht. Schreib die Ziffer des entsprechenden Bildes in den Kreis vor die 3 Wörter. Schreib dann den fehlenden 2. Teil des zusammengesetzten Namenwortes dazu. Für jedes richtige Namenwort gibt es 1 Glückspunkt.

Lösung: Seite 48.

(12) Goldhamster
Feldhamster
Zwerghamster

○ Angst
Stall
Feld

○ Blumen
Wasser
Suppen

○ Nasch
Haus
Siam

○ Wach
Schäfer
Hirten

○ Braun
Eis
Teddy

○ Stoff
Mode
Plastik

○ Wasser
Laub
Gras

○ Wühl
Fleder
Zwerg

○ See
Wind
Kletter

○ Wetter
Wasser
Trut

○ Sonnen
Taschen
Armband

○ Kopf
Frucht
Feld

1

2

3

4

5

6

7

8

9

10

11

12

13

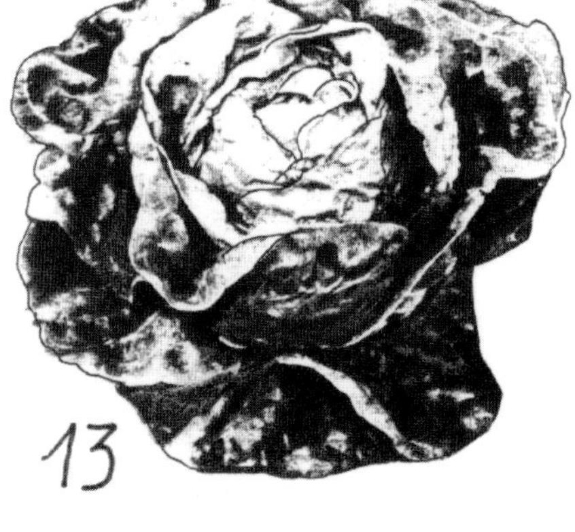

Wie gut hast du dir den Satz von Seite 27 gemerkt? Welcher von diesen 3 Sätzen war es? Kreuze ihn an. Du erhältst 1 Glückspunkt, wenn du dich richtig erinnert hast.

a) Meine Mutter wäscht die Wäsche wirklich weich.
b) Meine Mutter wäscht meine Wäsche wunderbar weich.
c) Meine Mutter wäscht meine Wäsche wunderbar sauber.

Lösung: Seite 48.

In den 5 Kästchen dieser beiden Seiten ist ein Buchstabe versteckt. Aber aufgepaßt! Er steht auf dem Kopf, so wie der kleine Glückskäfer Susi. Du sollst raten, wie der Buchstabe heißt. Schreib ihn richtig herum in das leere Kästchen. Für jeden richtig geratenen und geschriebenen Buchstaben darfst du dir 1 Glückspunkt aufschreiben.

Lösung: Seite 48.

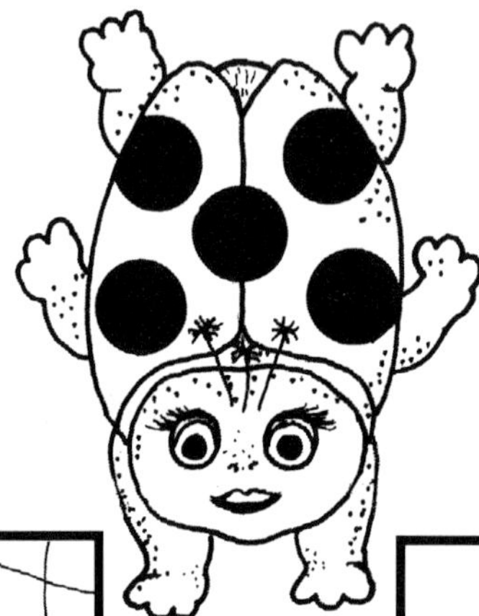

1

2

Kannst du den richtigen Satz von Seite 30 fehlerfrei aufschreiben? Dafür gibt es 2 Glückspunkte. Schreib ihn auf die Linie unten, aber nicht mogeln und abgucken: Deck die Seite 30 zu, bevor du schreibst. Laß deine Mutter/den Vater oder Freund prüfen, ob dein Satz fehlerfrei ist.

3

4

5

In diesem Spiel sollst du jeweils die einzelne obere Abbildung in der Reihe darunter wiederfinden. Da sich die Abbildungen sehr ähnlich sind, mußt du ganz genau schauen und vergleichen. Kreuze das richtige Kästchen an. Für jede richtige Antwort gibt es einen Glückspunkt. Lösung: Seite 48.

In diesem Buntmalspiel kannst du ebenfalls 7 Glückspunkte machen, wenn du richtig buntmalst. Mal die Abbildung im oberen Kästchen und die richtige Abbildung in der darunterliegenden Reihe jeweils so aus:

A. Der untere Bogen soll blau, der obere Bogen gelb gemalt werden.
B. Die wolkenähnliche Form soll hellblau werden.
C. Der obere Ausschnitt wird rot, der untere blau ausgemalt.
D. Der untere Ausschnitt soll gelb, der obere blau werden.
E. Der 1. Bogen soll hellgrün, der 2. Bogen dunkelgrün sein.
F. Die Schleife wird lila, der Ausschnitt unter der Schleife hellblau.
G. Der rechte Kreisausschnitt soll rot, das ovale Gebilde blau gemalt werden.

Laß deine Eltern nachschauen, ob du richtig buntgemalt hast.

A

1 2 3 4 5 6

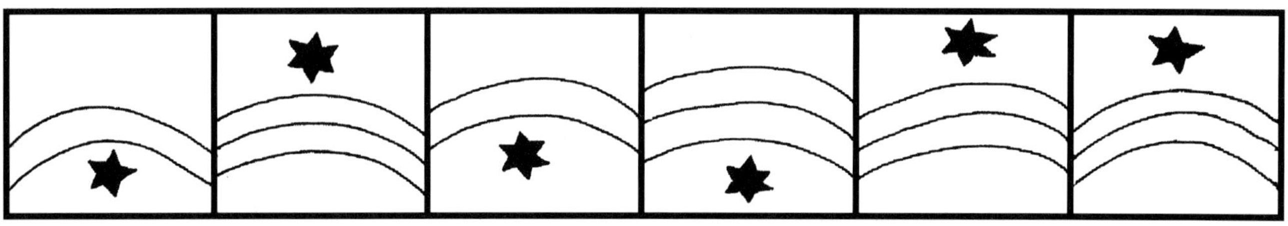

B

1 2 3 4 5 6

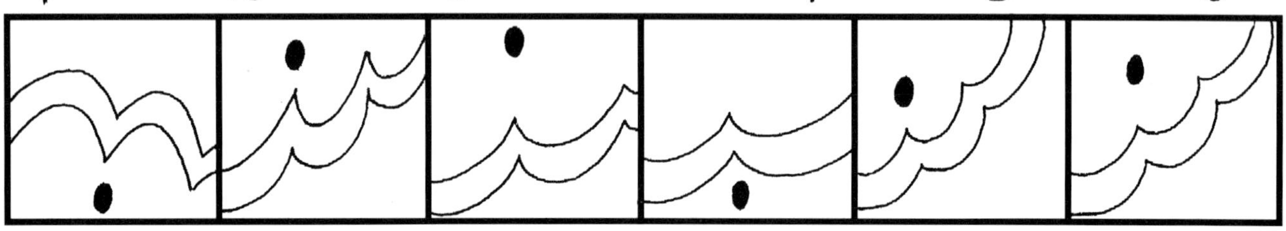

C

1 2 3 4 5 6

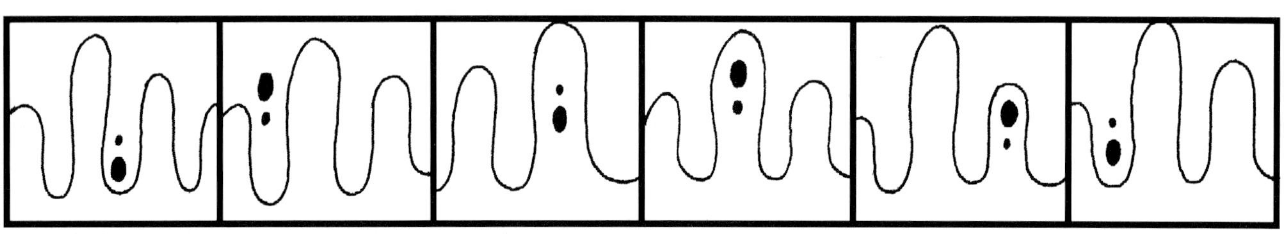

D

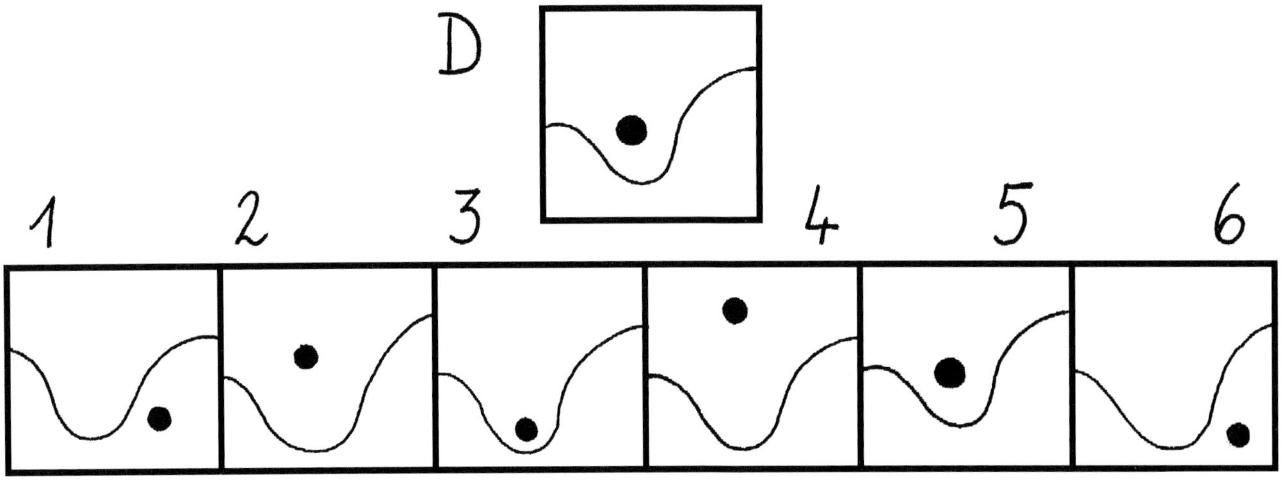


E

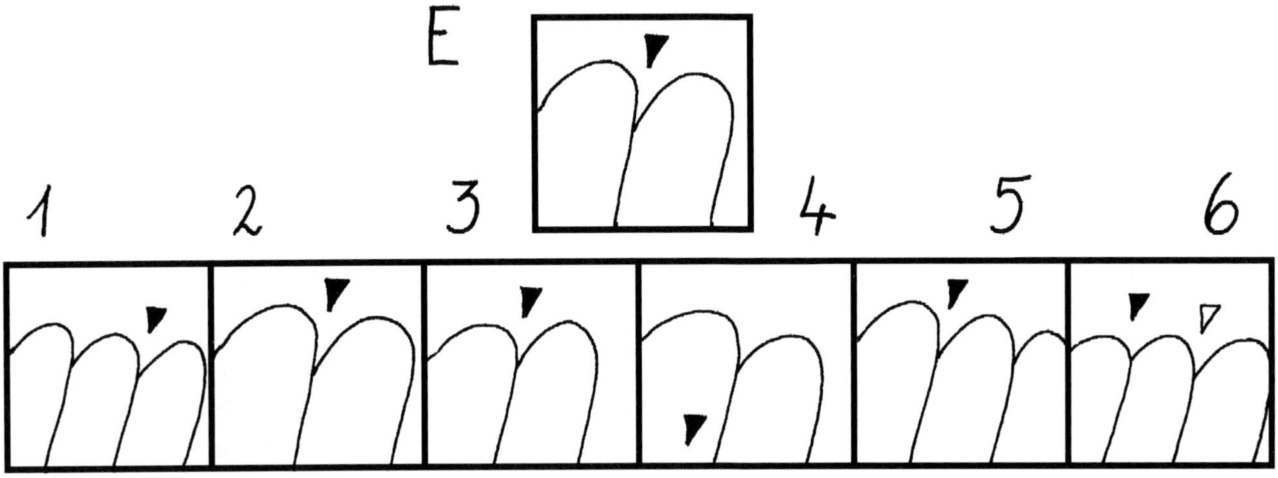


F

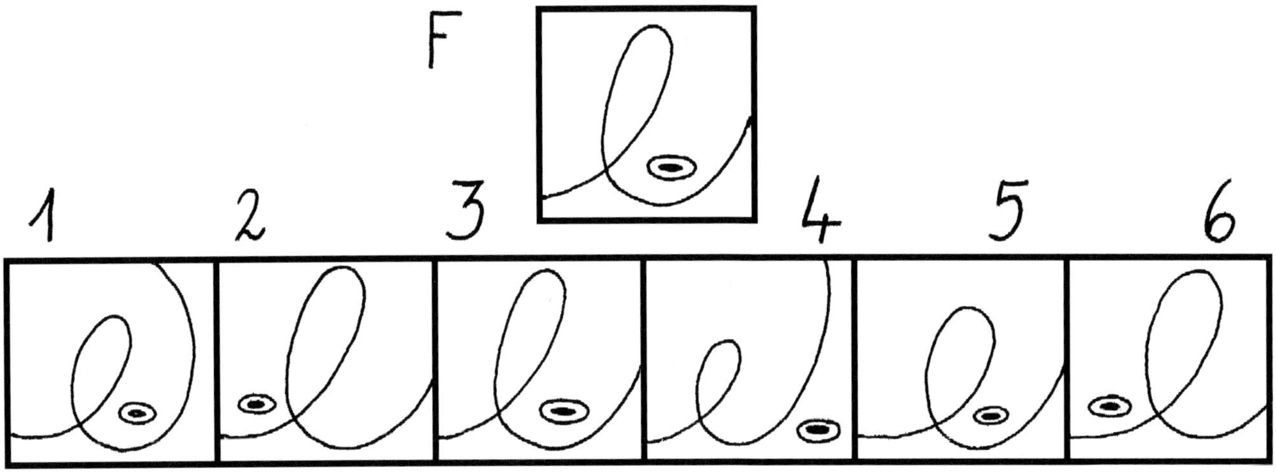


G

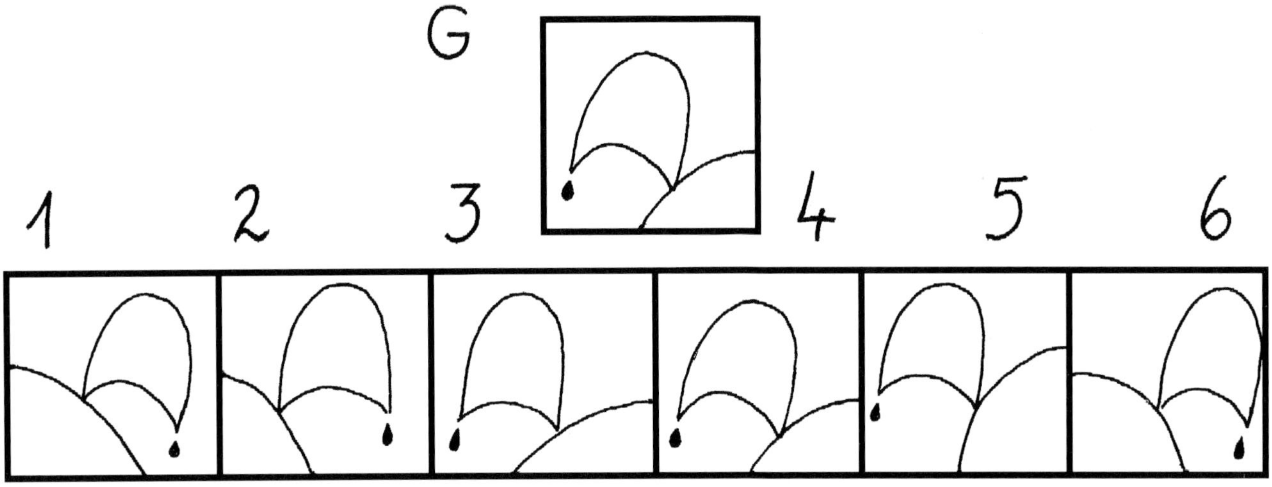

Schau dir Susi an – auf den Kopf gestellt wird aus einem „M“ ein „W“. In dem mittleren Kästchen stehen Wörter ohne Anfangsbuchstaben. Du kannst sowohl ein „M“ als auch ein „W“ vor den Wortteil setzen. Schreib die Wörter mit „M“ und „W“ auf die Linien. Aufgepaßt: Wenn ein Sternchen vor der Linie steht, muß das zu schreibende Wort klein geschrieben werden. Du kannst dir 2 Glückspunkte gutschreiben, wenn du alle Wörter richtig gefunden und geschrieben hast. Lösung: Seite 48.

| | | |
|---|---|---|
| Matte | ?atte | Watte |
| ______ | ?andel | ______ |
| ______ | ?agen | ______ |
| ______ | ?ade | ______ |
| ______ | ?ahl | ______ |
| ______ | ?ut | ______ |
| ______ | ?acht | ______ |
| ______ | ?al | ______ |
| ______ | ?ann | * ______ |
| ______ | ?eise | ______ |
| * ______ | ?ild | ______ |
| ______ | ?und | * ______ |

Ergänze die fehlenden Buchstaben der Namenwörter in diesen beiden Sätzen:

## Das gelbe Postaut__ fährt über die Kreuzun__. Plötzlich fällt ein Pake__ aus dem Fahrzeu__ auf die Straß__.

Du hast 1 Glückspunkt gemacht, wenn du die fehlenden Buchstaben richtig ergänzt hast. Lösung: Seite 48.

In diesen 9 Bildern sind die beiden Buchstaben „M“ und „W“ versteckt. Schreib hinter die Ziffer des Bildes, welchen Buchstaben du gefunden hast. Du kannst dir 2 Glückspunkte gutschreiben, wenn du alle Buchstaben richtig gefunden hast. Lösung: Seite 48.

1 =

2 =

3 =

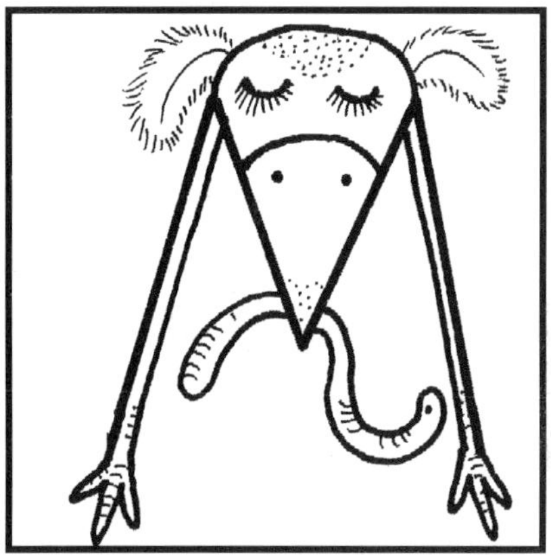

4 =

5 =

6 =

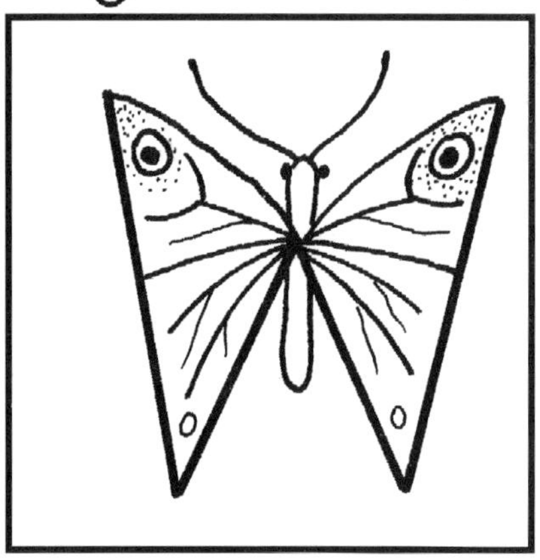

7 =

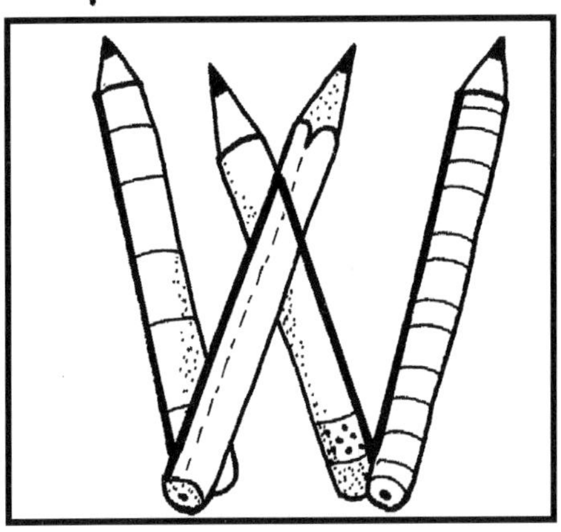

8 =

9 =

Hier sollst du „Dichter“ spielen. Gesucht sind Reimwörter, die mit „M“ beginnen. Schreib sie auf die Linien hinter das vorgegebene Wort. Wenn du alle Wörter richtig hast, darfst du dir 2 Glückspunkte dazuzählen.
Lösung: Seite 48.

Nun nimm ein Blatt Papier und schreib mit der rechten Hand das Wort: „Kaffee“. Dann versuchst du, „Kaffee“ mit der linken Hand zu schreiben. Das ist gar nicht so einfach. Spiel dieses Schreibspiel mit anderen kurzen Wörtern.
Übrigens: Linkshänder schreiben natürlich zuerst mit der linken Hand.

1. Haus ____________ 2. Hund ____________

3. Heer ____________ 4. Pappe ____________

5. Kutter ____________ 6. Latte ____________

7. besser ____________ 8. Gaul ____________

9. Reise ____________ 10. Tasche ____________

11. Tüll ____________ 12. Harke ____________

13. Tasse ____________ 14. Hohn ____________

15. Hai ____________ 16. Hantel ____________

17. Nacht ____________ 18. Sitte ____________

19. Fasern ____________ 20. Pöbel ____________

21. Kleister ____________ 22. Grotte ____________

Jetzt kommt der 1. Teil eines Gedächtnisspiels: Schau dir die 6 Dinge auf dieser Seite genau an, auch nach welcher Seite sie ausgerichtet sind, und präg sie dir gut ein.
Hier kannst du insgesamt 3 Glückspunkte machen, wenn du aus den folgenden Buchstaben jeweils ein Wort bilden kannst. Lösung: Seite 48.

u s B

t n e E

u m T r

Das ist der 2. Teil des Gedächtnisspieles. Hier sind die Gegenstände von Seite 37 verkleinert und gleich 2mal, einmal nach rechts, einmal nach links ausgerichtet, abgebildet. Kreuze die 6 Dinge an, die du genau so auf Seite 37 gesehen hast. Wie viele Dinge hast du richtig behalten? Für jeden richtigen Gegenstand darfst du dir 1 Glückspunkt gutschreiben.
Sieh auf Seite 37 nach, wie viel du richtig erinnern konntest.

Hier gehen die Buchstaben im Badewasserschaum unter. Sie sind nur noch unvollständig zu sehen. Kannst du sie trotzdem noch erkennen?
Ergänz die Buchstaben in den einzelnen Kästchen.
Du erhältst 3 Glückspunkte, wenn du alle Buchstaben richtig erraten hast.
Lösung: Seite 48.

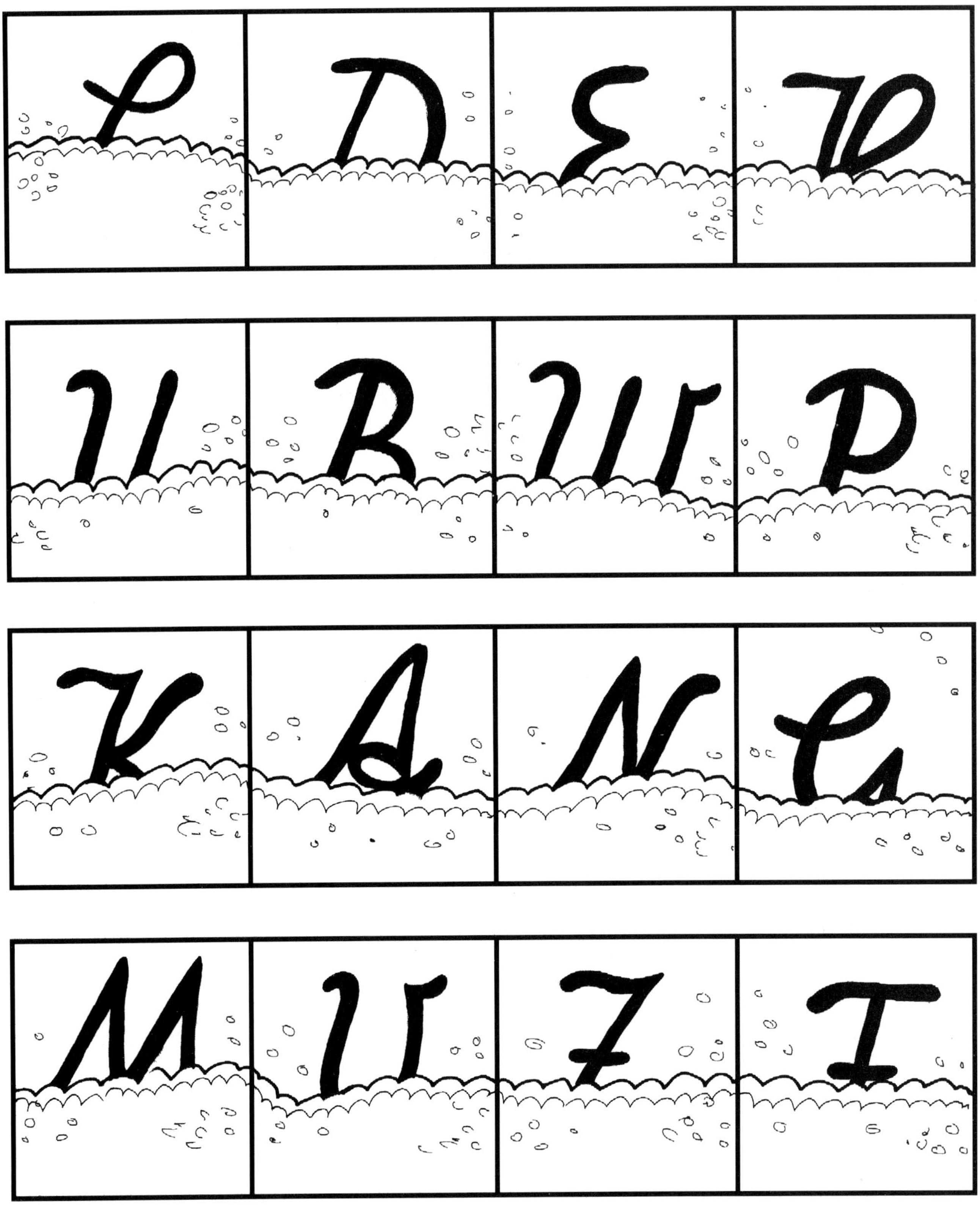

Auf der gegenüberliegenden Seite siehst du Ausschnitte von Tieren. Weißt du, wie sie heißen? Sie beginnen entweder mit einem „M“ oder einem „W“. Für jedes richtig erratene Tier darfst du dir 1 Glückspunkt gutschreiben.
Lösung: Seite 48.

Wie lauten die vollständigen Tiernamen? Setz ein „M“ oder ein „W“ an den Wortanfang, und du erhältst den Tiernamen.

Du kannst dir 2 Glückspunkte gutschreiben, wenn alle Namen richtig sind.
Lösung: Seite 48.

| | | |
|---|---|---|
| _____ücke | _____anze | _____espe |
| _____urmeltier | _____üstenfuchs | _____olch |
| _____istkäfer | _____ehlschwalbe | _____aulwurf |
| _____ildkatze | _____alroß | _____iedehopf |
| _____ellensittich | _____achtel | _____eerschweinchen |
| _____öwe | _____idder | |

1
2
3
4
5
6
7
8
9

Susi, der kleine Glückskäfer, macht dir vor, um was es in dieser Übung geht: um den runden Bogen des kleinen „m“ und des kleinen „n“. Beide Buchstaben bestehen aus „Spazierstöcken“. Das „m“ hat 3, das „n“ nur 2. Nimm einen Rotstift und teile im 1. Kästchen die Bögen in kleine „m's“. Wie viele bekommst du?

Schreib die Zahl hier auf:

Im 2. Kästchen sind die Bögen etwas kleiner. Hier sollst du in der 1. Reihe zuerst „m's“ abtrennen und zählen, wie viele es sind. Auch der rechte Kästchenrand ist Teil eines Bogens. Und in der 2. Reihe trennst du die Bögen für „n's“ ab, immer 2! Wie viele „n's“ bekommst du? Schreib deine beiden Zahlen hier hinein:

m = n =

Für jede richtige Zahl in den 3 Kästchen erhältst du je 1 Glückspunkt.
Lösung: Seite 48.

1

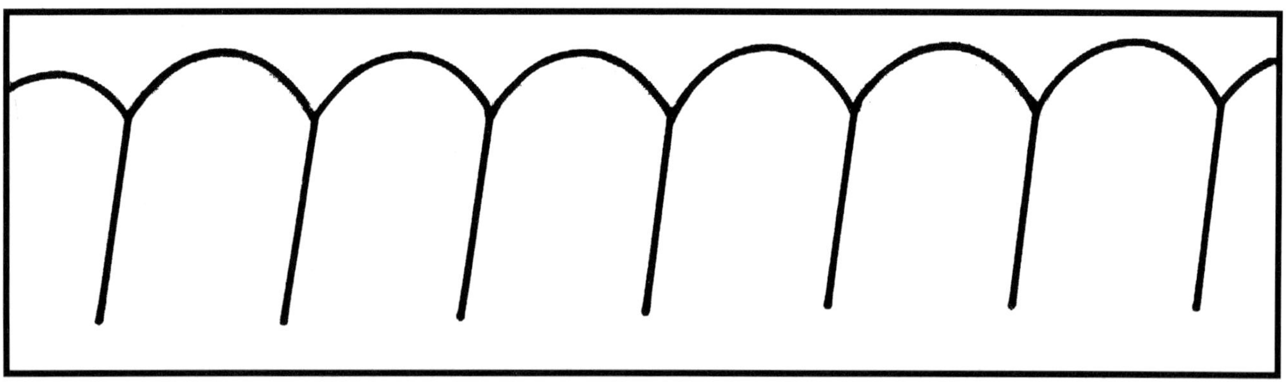

2

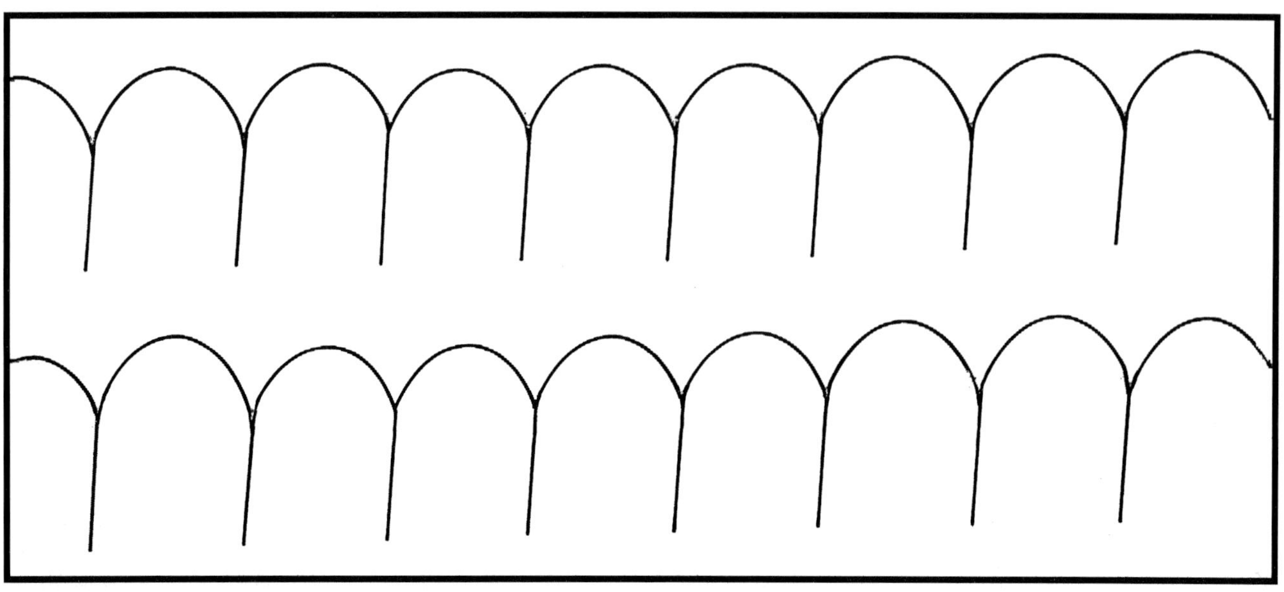

In dieser Ritterburg fehlen alle Fensterbögen. Zeichne sie ein. Sie sollen wie ein schöner Bogen des „m“ oder „n“ aussehen. Male anschließend die Burg farbig an.

Susi hat hier Wörter mit „m“ und „n“ ausgeschnitten, aber den Anfangsbuchstaben weggelassen. Wie heißen die vollständigen Wörter?
Für jedes richtig gefundene und geschriebene Wort gibt es 1 Glückspunkt.
Lösung: Seite 48.

__it __üde __iemals __utig __odrig __irgends

In dieser Geschichte von Susi, dem Glückskäfer sind 20 Buchstaben falschherum geschrieben oder auf den Kopf gestellt worden. Du bekommst vier Glückspunkte, wenn du alle 20 falschen Buchstaben gefunden und angekreuzt hast, 3 Glückspunkte für 18, 2 Punkte für 16 und 1 Glückspunkt für 14 Buchstaben. Hast du weniger als 14 gefunden, gibt es keinen Punkt.
Lösung: Seite 48.

Der kleine Glückskäfer Snsi erzählt:

„Es gidt eine ɐndere Welt. Sie ist schöuer als die Erbe. Ǝs ist die Welt des Glücks. Sie liəgt weit, weit hinter der Sonne und dem Wond. Das Glücksland liegt direkt nebən dem Land der Träume.“

Susi, der kleine Glückskäfer, ledt im Glücksland. Jeden Sonntag darf der Glücks>läfer mit seinen vielen Freunden hiunnter auf die Erde fliegen, uɯ einem Kind zu helfen und ihm Glück zu briugen. Susi schließt die Augen, dreht die drei Sternchen auf ihrem Kopf dreimal nach rechts … und schon fliegt sie, so scrlnell wie der Blitꙅ, zur Erde hinunter. Vielleicht besncht der kleine Glückskäfer bich beim nächsten Mal!

In dieser eigenartigen Schrift bestehen die Buchstaben aus lauter großen und kleinen Schlangen. Kannst du lesen, was die Schlangenschrift dir erzählt? Lies den Text laut vor.
Nun kommt die Fleißarbeit: Aus wie vielen Schlangen besteht der ganze Text? Du mußt beim Zählen höllisch aufpassen, um keine zu vergessen. Achtung: Es gibt auch ganz kleine, kurze Schlangen. Schreib deine Zahl hier auf: ☐

Für die richtige Lösung kannst du dir 4 Glückspunkte geben. Ist deine Zahl nur bis zu 4 Punkten unter oder über der Lösungszahl, darfst du dir immerhin noch 2 Punkte gutschreiben. Lösung: Seite 48.

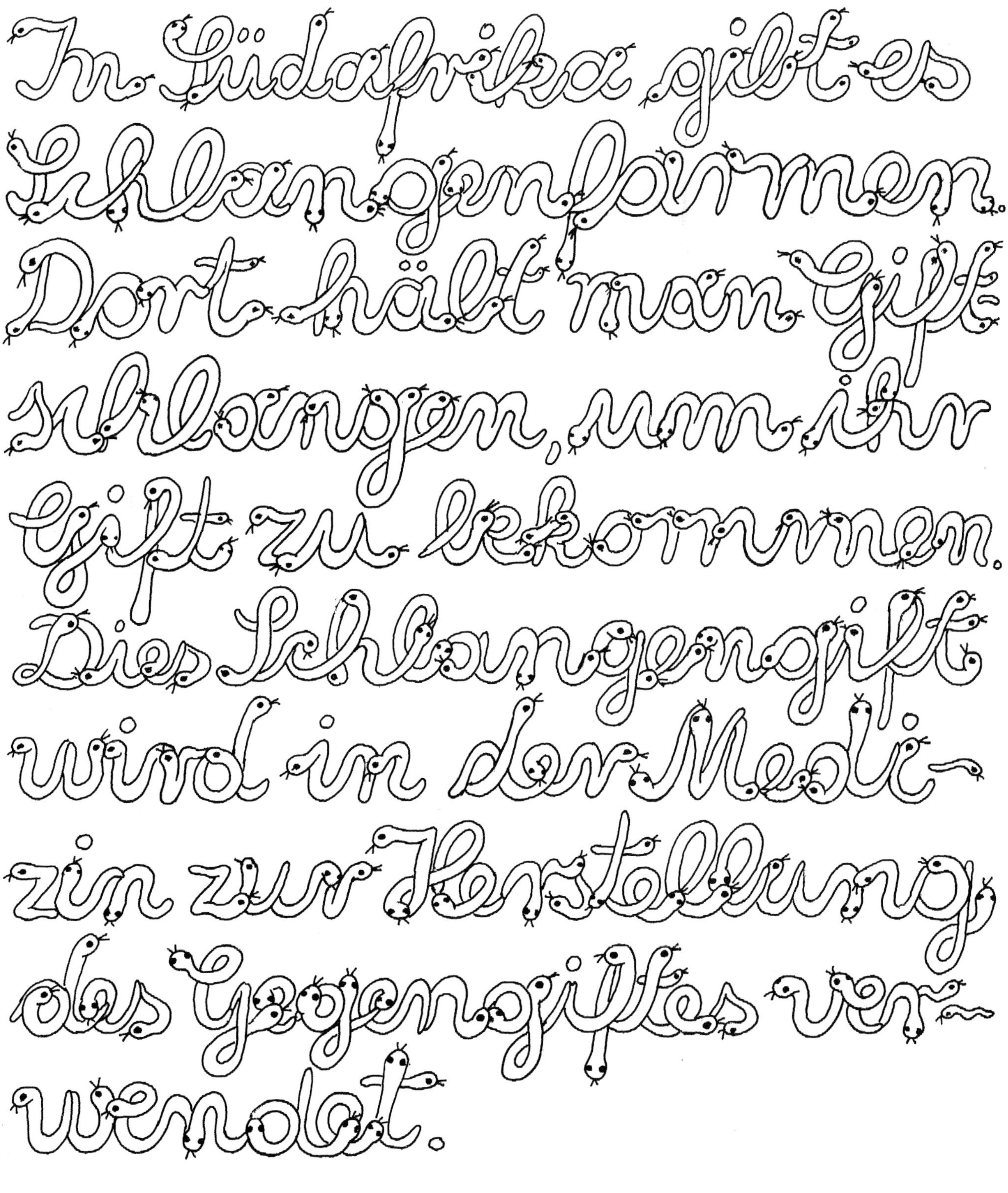

Susi ist beim Optiker und will ihm helfen, die 12 Brillengläser von dieser Seite in die richtigen Brillenrahmen auf der nächsten Seite zu montieren. Such zu jedem Rahmen das passende rechte und linke Glas. Schreib den Buchstaben des Glases an die richtige leere Stelle im Brillengestell (z. B. J = 6a). Für jedes richtig zugeordnete Brillenglas bekommst du 1 Glückspunkt. Lösung: Seite 48.

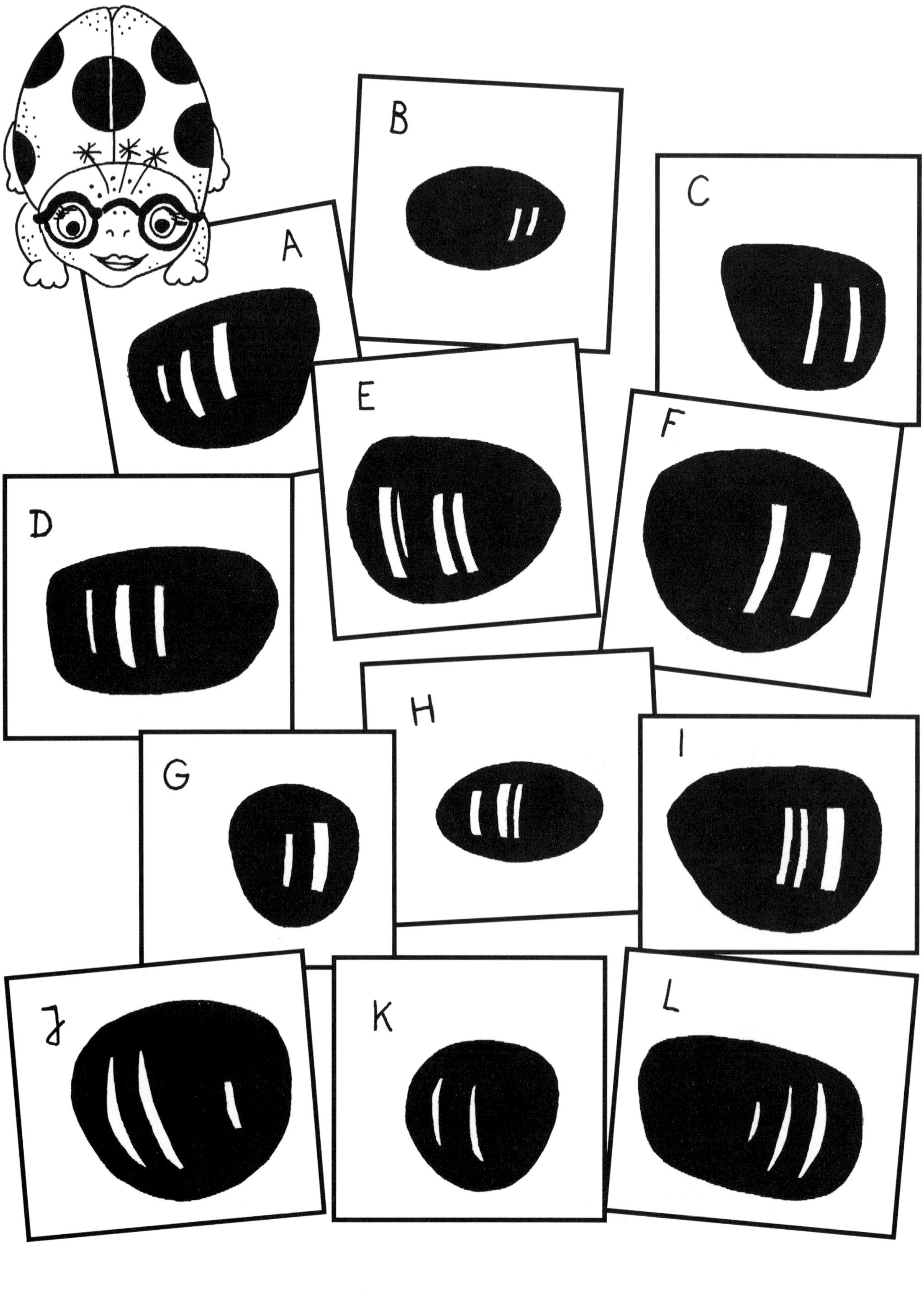

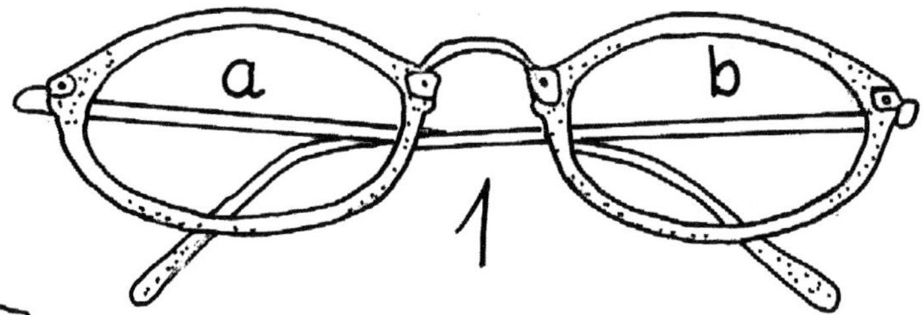
a
b
1

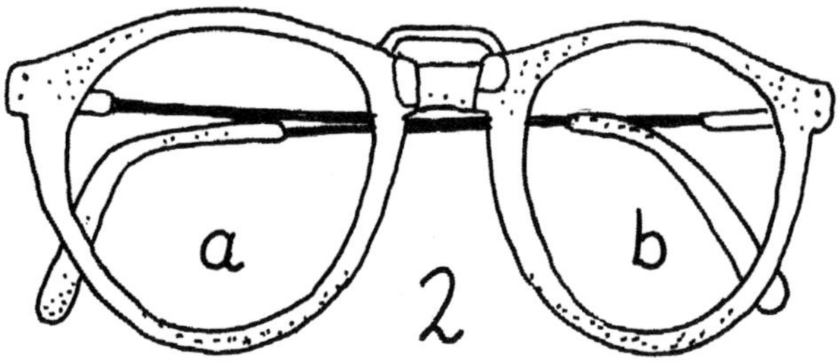
a
b
2

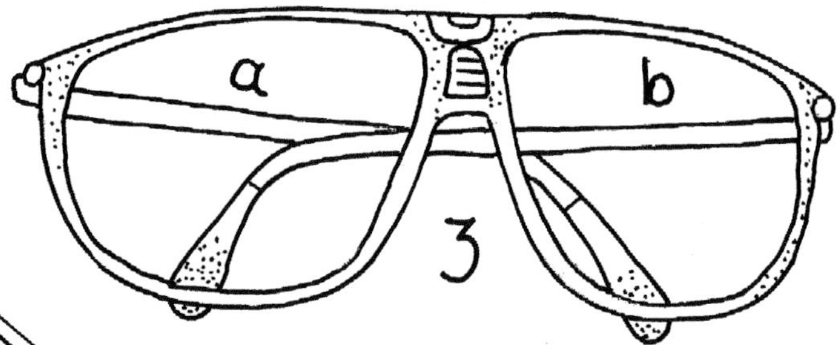
a
b
3

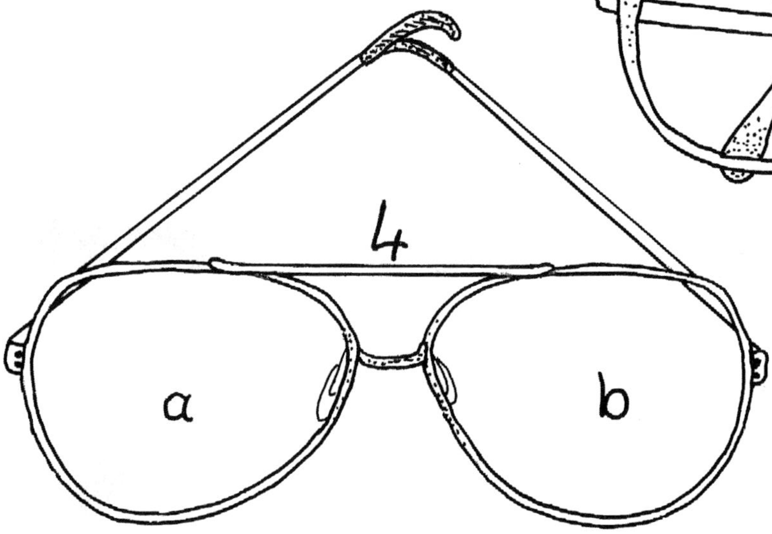
4
a
b

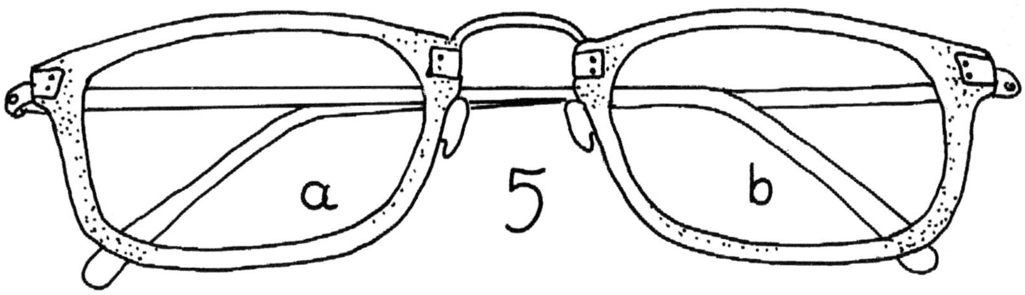
a
5
b

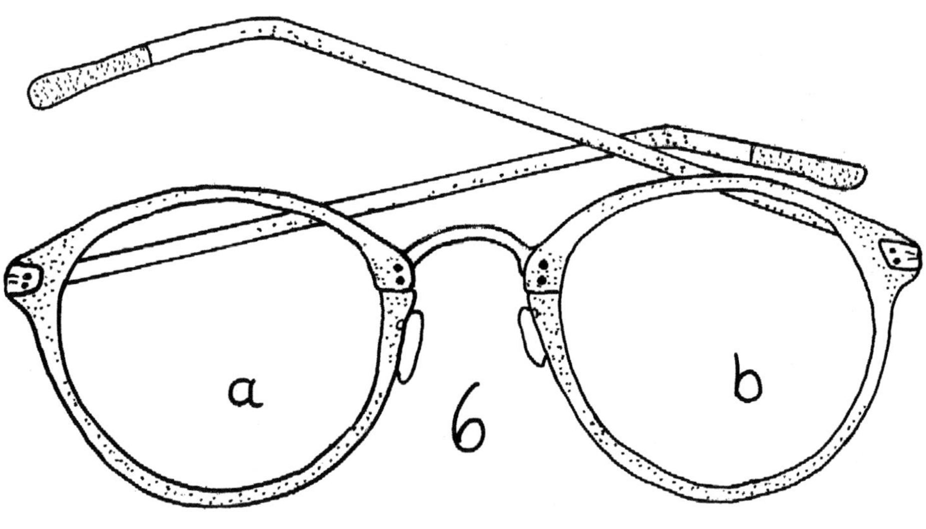
a
6
b

# Lösungen

S. 5: Es sind 5 Kreise nach rechts und 4 Kreise nach links zu schließen.
S. 6: 1) Susi ist 5mal auf Seite 7 versteckt.
2) 5 Birnen sind ganz zu sehen.
3) 8 Stiele zeigen nach links.
S. 8:. mit dem kleinen „b“
S. 9: 5 Blumen neigen sich nach links.
S. 10: nach links
S. 11: Autokennzeichen, Motorhaubengriff, rechter Scheinwerfer, linker Außenspiegel, rechtes Türschloß, rechtes Trittbrett, rechte Fensterscheibe, Mund des linken Jungen, rechte hintere Radkappe, Haarsträhne des linken Jungen.
b) 3 mal
S. 12: 16 Wörter fangen mit „B“ an: Brücke, Bach, Bank, ... es sind dieselben Wörter, deren Anfangsbuchstaben „B“ du ergänzen solltest.
8 Wörter fangen mit „P“ an. Es sind dieselben Wörter, deren Anfangsbuchstaben „P“ du ergänzen solltest.
S. 13: Blaue Bohnen sind Revolverkugeln.
S. 14/15: 1) Pudel, 2) Papagei, 3) Boxer, 4) Biber, 5) Puma, 6) Pelikan, 7) Bär (Braunbär), 8) Pinguin, 9) Büffel, 10) Pferd, 11) Biene 2-A, 11-B, 8-C, 1-D, 4-E, 7-F, 10-G, 6-H, 5-I, 3-J, 9-K.
S. 16: 1) Beeren, 2) Pinsel, 3) Blatt, 4) Paket, Päckchen, 5) Bleistifte, 6) Bohnen, 7) Paddel, 8) Ball, 9) Pilze, 10) Pistole, 11) Baby, 12) Pokal, 13) Banane, 14) Pantoffel, 15) Bürste
Das Wort heißt „Brombeerbonbonpapier“.
S. 17: 1=H, 2=N, 3=V, 4=J, 5=Q, 6=E, 7=M
S. 19: Susi
Es ist eine Katze, die sich ihre Pfoten leckt.
S. 20: 2 Nußknacker
S. 21: 1=l, 2=s, 3=i, 4=g, 5=w, 6=n, 7=H, 8=P, 9=M
Das Wort Krippe reimt sich nicht.
S. 22: Es sind 16 „B's“. Es sind 20 „P's“.
S. 23: Es sind 20 kleine „b's“. Es sind 12 kleine „p's“.
S. 24: „B“ oder „P“: Bluse, Peitsche, Perlen, Pullover/Piste, Besen, Brot, Berg, Pelz/Boot, Brett, Bibel, Puder/Perser, Bohrer, Patrone, Brief/Pechvogel, Badewanne, Primel/Polizist, Bremse, Plätzchen/Beutel, Predigt, Bart, Problem/Prinzessin, Bumerang, Buchstabe
„b“ oder „p“: breit, prima, brav, prächtig/pechschwarz, bunt, pudelwohl/privat, praktisch, böse, prall/blind, putzig, bombig, poppig/pünktlich, platt, billig, pleite
S. 25: A = 2mal, B = 7mal, D = 2mal, E = 1mal, F = 4mal, H = 2mal, L = 3mal, P = 6mal, R = 2mal, T = 2mal.
Man erhält ein „d“.
S. 26: Spaßsätze sind: 1., 4., 7., 10., 11., 12., 13., 14., 17., 18., 19., 22.
S. 27: 1: 5. und 8. Buchstabe (= b), 2: 1. und 4. Buchstabe (= p), 3: 2. und 7. Buchstabe (= n), 4: 5. und 8. Buchstabe (= n), 5: 4. und 9. Buchstabe (= p), 6: 3. und 8. Buchstabe (= M), 7: 4. und 7. Buchstabe (= P).
S. 28/29: Wörter senkrecht ergänzt ergibt:
(Angst)hase (4), (Blumen)topf (2), (Nasch)katze (3), (Wach)hund (9), (Braun)bär (1), (Stoff)puppe (11), (Wasser)frosch (5), (Wühl)maus (8), (See)rose (7), (Wetter)hahn (6), (Sonnen)uhr (10), (Kopf)salat (13).
S. 30/31: 1=n, 2=l, 3=t, 4=d, 5=u
Es war der Satz b).
S. 32/33: A=6, B=2, C=4, D=5, E=2, F=3, G=4
S. 34: Matte-Watte, Mandel-Wandel, Magen-Wagen, Made-Wade, Mahl-Wahl, Mut-Wut, Macht-Wacht, Mal-Wal, Mann-wann, Meise-Weise, mild-Wild, Mund-wund
S. 35: Das gelbe Postauto fährt über die Kreuzung. Plötzlich fällt ein Paket aus dem Fahrzeug auf die Straße.
1=M, 2=M, 3=M, 4=W, 5=M, 6=W, 7=W, 8=W, 9=M
S. 36: 1=Maus, 2=Mund, 3=Meer, 4=Mappe, 5=Mutter, 6=Matte, 7=Messer, 8=Maul, 9=Meise, 10=Masche, 11=Müll, 12=Marke, 13=Masse, 14=Mohn, 15=Mai, 16=Mantel, 17=Macht, 18=Mitte, 19=Masern, 20=Möbel, 21=Meister, 22=Motte
S. 37: Bus – Ente – Turm
S. 39: L, D, E, H/U, B, W, P/K, A, N, G/M, V, Z und F.
S. 40/41: 1=Maikäfer, 2=Wal(Mörderwal), 3=Wildschwein, Warzenschwein, 4=Wolf, 5=Maus, 6=Waschbär, 7=Meise, 8=Muschel, 9=Marder, Wiesel.
Die Tiere heißen: Mücke, Wanze, Wespe, Murmeltier, Wüstenfuchs, Molch, Mistkäfer, Mehlschwalbe, Maulwurf, Wildkatze, Walroß, Wiedehopf, Wellensittich, Wachtel, Meerschweinchen, Möwe, Widder
S. 42: Du erhältst 2 kleine „m's“ in der obersten Reihe. In der 2. Reihe sind es 3 „m's“. Du bekommst in der untersten Reihe 4 kleine „n's“.
S. 43: mit, müde, niemals, mutig, modrig, nirgends
S. 44: Susi, gibt, andere, schöner, Erde, Es, liegt, Mond, neben, lebt, Glückskäfer, hinunter, um, bringen, schließt, schnell, Blitz, besucht, dich
S. 45: Es sind 195 Schlangen.
S. 46/47: J=6a, F=6b, H=1a, B=1b, D=5a, L=5b, I=4b, E=4a, C=3b, A=3a, K=2a, G=2b (Für die 1. Lösung gibt es keinen Glückspunkt, da sie als Beispiel genannt wurde.)

# Vergleichstabelle

Insgesamt sind 158 Glückspunkte zu erreichen.
Wie schneidest du im Vergleich zu Gleichaltrigen ab?
Schau in der Tabelle nach:

| Jahre | Eine Superleistung! Gratulation! | Gut gemacht und gut gedacht! | Hätte noch besser sein können! | Hast du dir genug Mühe gegeben? | Das war keine Glanzleistung! |
|---|---|---|---|---|---|
| 7 | 130 – 158 | 115 – 129 | 90 – 114 | 65 – 89 | unter 65 |
| 8 | 133 – 158 | 118 – 132 | 93 – 117 | 65 – 92 | unter 65 |
| 9 | 136 – 158 | 121 – 135 | 96 – 120 | 68 – 95 | unter 68 |
| 10 | 139 – 158 | 124 – 138 | 99 – 123 | 70 – 98 | unter 70 |
| 11 | 142 – 158 | 127 – 141 | 102 – 126 | 72 – 101 | unter 72 |
| 12 | 145 – 158 | 130 – 144 | 105 – 129 | 76 – 104 | unter 76 |
| 13 | 147 – 158 | 133 – 146 | 108 – 132 | 80 – 107 | unter 80 |